STEPHAN HEBEL

MERKEL

Bilanz und Erbe
einer Kanzlerschaft

WESTEND

Mehr über unsere Autoren und Bücher:
www.westendverlag.de

Die Deutsche Nationalbibliothek verzeichnet diese
Publikation in der Deutschen Nationalbibliografie;
detaillierte bibliografische Daten sind im Internet über
http://dnb.d-nb.de abrufbar.

ISBN 978-3-86489-254-7
© Westend Verlag GmbH, Frankfurt/Main 2018
Umschlaggestaltung: Buchgut, Berlin
Satz: Publikations Atelier, Dreieich
Druck und Bindung: CPI – Clausen & Bosse, Leck
Printed in Germany

Inhalt

Für die Frau,
die mich so leichtfüßig
durchs Leben trägt

Vorwort

Es gibt unter meinen Freunden nicht viele Fans von Angela Merkel. Aber einen Stoßseufzer habe ich während der Arbeit an diesem Buch immer wieder gehört: »Na ja, wenn man bedenkt, was danach kommen könnte …«

Da war, weit über die CDU-Wählerschaft hinaus, fast so etwas wie Anhänglichkeit zu spüren nach 13 Jahren Merkel'scher Kanzlerschaft. Ich kann sie verstehen, aber ich teile sie nicht. Ich glaube nach wie vor, dass das Erbe dieser Kanzlerin, deren politische Endzeit jetzt gekommen ist, ziemlich schwer auf Deutschland lasten wird. Ich denke, dass wir als Bürgerinnen und Bürger in der großen Mehrheit durch ihre Politik nur wenige Vorteile und eine ganze Reihe von Nachteilen erfahren haben. Ich glaube sogar, dass Merkels Handeln für manches Schlimmere, das nach ihr kommen könnte, mit verantwortlich ist, weil es die Unzufriedenheit und Unsicherheit vieler Menschen in diesem Land noch verstärkt hat.

Mit diesem Buch ziehe ich eine erste Bilanz dieser Kanzlerschaft. Ich hoffe, dass die zahlreichen Beispiele aus unterschiedlichen Politikfeldern, die den Kern des Buches darstellen, Ihnen – der Leserin oder dem Leser – die Meinungsbildung erleichtern. Die Texte werden die Ära Merkel kritisch aufarbeiten, ohne dabei die positiven Elemente ihrer Politik zu verschweigen.

Noch ging es in den Gesprächen, die ich seit Merkels Rückzugsankündigung führte, nur um den CDU-Vorsitz und nicht um das Kanzleramt. Aber es war doch bereits Sorge zu spüren, weil es auch in Deutschland bald vorbei sein könnte mit dem bedächtigen, bescheidenen, irgendwie beruhigenden Regierungsstil, den diese Kanzlerin pflegte. Immer wieder klang die Befürchtung durch, dass mit Merkel das letzte Bollwerk gegen Unberechenbarkeit und Rücksichtslosigkeit in der Politik verloren geht.

Ich konnte und wollte – einerseits – nicht widersprechen. Es ist ja richtig, dass Angela Merkel sich immer positiv unterschieden hat von Männern wie Donald Trump, Wladimir Putin, Recep Tayyip Erdogan, Viktor Orban, Matteo Salvini und all den anderen polternden Populisten. Nie wurde sie laut, nie wirkte sie radikal, sondern immer abwägend und vermittelnd. Nie hetzte sie gegen Flüchtlinge, nie zerschlug sie allzu viel Porzellan in den internationalen Beziehungen, und höhnische Verachtung von Minderheiten (von Frauen sowieso) war ihr wohl schon immer fremd.

Was mich aber – andererseits – erstaunte und bis heute erstaunt, ist Folgendes: Hinter den absolut nachvollziehbaren Erwägungen über Stil und Habitus verschwand selbst bei politisch interessierten Menschen der Blick für das, was Angela Merkel und ihre Regierungen tatsächlich bewerkstelligt haben. Auch deshalb habe ich mich gefreut, als der Westend-Verlag Ende Oktober fragte, ob ich kurzfristig diese erste Bilanz ziehen wolle. Mir hat der Gedanke gut gefallen, diese Frau an dem zu messen, was sie aus und mit Deutschland gemacht hat, und ich bin diesem Impuls sehr gerne gefolgt.

Ich bedanke mich bei Markus Karsten und Rüdiger Grünhagen vom Westend-Verlag, dass sie mich zu diesem Buch angeregt und bei der Entstehung wieder freundschaftlich begleitet haben. Ich danke meinem umsichtigen Lektor Philipp Müller. Dankbar bin ich den vielen Freundinnen und Freunden und Bekannten, die mir Anregungen gaben. Ich kann nur wenige nennen: Thomas Gebauer und Susanne Schmidt, Lia Venn und Thomas Stillbauer, Ramona Lenz, meinen lieben Sohn Jakob Raue mit Maria Mäule – und allen voran die großartigste, beste, klügste Frau der Welt, mein großes Glück: Tanja Kokoska.

Frankfurt am Main, im Dezember 2018
Stephan Hebel

Die Erbin

Am 7. Dezember 2018 ging eine Ära in der deutschen Parteiengeschichte zu Ende: Nach mehr als 18 Jahren trat Angela Merkel als CDU-Vorsitzende ab. Aber bevor sie ging, brachte die noch amtierende Bundeskanzlerin ein Kunststück fertig: Sie gewann eine Wahl, zu der sie gar nicht angetreten war. Annegret Kramp-Karrenbauer, ihre Wunschkandidatin, wurde zur neuen Chefin der Christlich Demokratischen Union gewählt. Kramp-Karrenbauer bekam im zweiten Wahlgang 517 Stimmen, für ihren Gegenkandidaten Friedrich Merz votierten 482 von 999 Parteitags-Delegierten. Wären es nur 18 mehr gewesen, also knapp zwei Prozent der Delegierten, dann hätte der Aufsichtsratsvorsitzende beim deutschen Ableger des Großinvestors Blackrock seine Lobby-Tätigkeit besonders wirkungsvoll fortsetzen können – als Parteichef.

Stattdessen bekam Angela Merkel die Nachfolgerin, die sie sich wünschte. Wieder eine Frau, die nicht wie Merz auf polarisierende Töne setzt, sondern auf »gutes politisches Handwerk«, wie sie in ihrer Bewerbungsrede sagte. »Bei Führung kommt es mehr auf innere Stärke an als auf äußere Lautstärke«: Das war die Absage an alle Fans von Friedrich Merz, der ausdrücklich für mehr Streit mit den »Hauptgegnern« SPD, Grüne und FDP geworben hatte. Keine aggressive Abgrenzung, sondern Vertrauen in die »eigenen Stärken«: Diese Chiffre für einen Stil, der politische Konturen eher verwischt als betont, hatte Kramp-Karrenbauer von ihrer Vorgängerin übernommen.

Was also wird aus dem Erbe der Angela Merkel? Wird »AKK« es einfach verwalten, vielleicht mit ein paar Korrekturen und einem Auftreten, das frischer wirkt als die oft eintönige Noch-Kanzlerin? »Anders weiter so«, wie die *Frankfurter Rundschau* am Tag nach Kramp-Karrenbauers Amtsantritt titelte?[1] Hat also die CDU – je nach Standpunkt – die Chance verpasst oder die Gefahr gemieden, mit Merz an der Spitze zu einem betont wirtschaftsliberalen und konservativen Profil zurückzukehren?

Schon der Wahlkampf um die Nachfolge, den Kramp-Karrenbauer, Merz und der dritte Bewerber Jens Spahn inszeniert hatten, war allgemein nach diesem Muster wahrgenommen worden: »Die Spaltung der Union« werde »immer sichtbarer«, schrieb Roland Nelles auf *Spiegel Online*,[2] »Die CDU hat Angst vor der Spaltung«, titelte der Fernsehsender N-TV,[3] und noch als das knappe Ergebnis feststand, kommentierte die *Nordwest-Zeitung*: »CDU droht tiefe Spaltung.«[4]

Auffällig war allerdings, dass es in den Texten unter diesen Schlagzeilen so gut wie gar nicht um Inhalte ging. Im Mittelpunkt standen immer das Auftreten und der Stil: »Um eine Spaltung der Partei zu vermeiden, muss Kramp-Karrenbauer nun einen anderen Politikstil als Merkel praktizieren«, schrieb die *Nordwest-Zeitung*.

Konzentriert man sich aber auf Inhalte, wie es dieses Buch insgesamt tut, dann erweist sich die Erzählung vom Richtungskampf zweier Lager als übertrieben. An den Grundlinien des Merkelismus wird sich nichts ändern – die Frage »Kramp-Karrenbauer oder Merz?« spielt dafür keine Rolle. . Sicher wird »AKK« neue rhetorische Akzente setzen, wenn auch weniger lautstark, als ihr Konkurrent das getan hätte. Aber mehr auch nicht.

Die Saarländerin lässt sich am ehesten als »Christsoziale« beschreiben: Oft konservativ bis in die Knochen, wenn es um gesellschaftliche Fragen geht, aber kompromissbereit, wenn es die Folgen des neoliberalen Kurses hier und da durch sozialpolitische Maßnahmen abzuschwächen gilt.

Die neue CDU-Vorsitzende hat ihr gesamtes Berufsleben in der Politik verbracht. 1962 in Völklingen geboren, trat sie mit 19 Jahren in die CDU ein. Nach dem Studium (Politik und Öffentliches Recht) ging sie 1991 als Referentin in die saarländische

Landesgeschäftsstelle der CDU. Nach einigen Stationen in der Kommunalpolitik folgte 1999 der Einzug in den Landtag, und bereits im Dezember 2000 war Annegret Kramp-Karrenbauer Innenministerin des Saarlands – deutschlandweit die erste Frau in diesem Amt. Auch das Bildungs- und Sozialministerium leitete sie für einige Jahre, bevor sie 2012 Ministerpräsidentin wurde. Im Frühjahr 2018 holte Angela Merkel »AKK« nach Berlin und machte sie zur Generalsekretärin der CDU.

Folgende Akzente hatte die Karriere-Politikerin vor ihrer Wahl zur Parteichefin gesetzt:

■ Eine streng konservative Haltung vertrat sie in der Debatte über die »Ehe für alle«, die sie sogar mit Vielehen und Inzest auf eine Stufe stellte: »Wir haben in der Bundesrepublik bisher eine klare Definition der Ehe als Gemeinschaft von Mann und Frau. Wenn wir diese Definition öffnen (…), sind andere Forderungen nicht auszuschließen: etwa eine Heirat unter engen Verwandten oder von mehr als zwei Menschen.«[5] Das volle Adoptionsrecht für homosexuelle Paare stellte Kramp-Karrenbaueralllen Ernstes als Bedrohung des Kindeswohls dar: »Seit Jahren heißt es, dass für die Entwicklung von Kindern Vater und Mutter die beste Konstellation ist. (…) Mir will nicht ganz einleuchten, dass das im engsten Umfeld, in dem Kinder geprägt werden, gar keine Rolle spielen soll. Gerade diese Frage dürfen wir nicht daran festmachen, ob sich jemand diskriminiert fühlt oder nicht – sondern allein am Kindeswohl.«

■ Wenn es allerdings um die Gleichstellung von Frauen im Arbeitsleben ging, sprach sich »AKK« genau wie Angela Merkel dafür aus, durch den Ausbau der Kinderbetreuung die Vereinbarkeit von Familie und Beruf zu verbessern.[6] Beim Thema Frauenquote ging sie weiter als die Kanzlerin und stimmte im Bundesrat entgegen der damaligen Parteilinie für eine Quotierung von Aufsichtsräten.[7]

■ Früher als Angela Merkel erkannte Kramp-Karrenbauer, dass die CDU die Ablehnung eines gesetzlichen Mindestlohns nicht auf Dauer gegen die Mehrheit der Bevölkerung durchhalten würde.[8] Sie schloss sich 2013 einer rot-grünen Initiative für die Lohnuntergrenze an.[9] Kurz zuvor hatte sie sich noch für eine »wirtschaftsfreundliche« Variante eingesetzt: »Ein Mindestlohn wird sowieso kommen – und dann besser ein intelligenter und wirtschaftsfreundlicher.«[10] Das entsprach genau der Methode Merkel: Was nicht zu vermeiden ist, wird auf die eigenen Fahnen geschrieben.

■ Zur Altersversorgung regte Kramp-Karrenbauer an, die Bezieher der niedrigsten Renten bei den Sozialbeiträgen zu entlasten.[11] Von einer echten Reform – Stichwort: Bürgerversicherung – war allerdings keine Rede. Genau wie bei Angela Merkel.

■ Im Jahr 2013 erklärte Kramp-Karrenbauer eine Anhebung des Spitzensteuersatzes für »möglich«: Die saarländische CDU habe »die damalige Absenkung des Spitzensteuersatzes unter Rot-Grün für überzogen gehalten. Insofern wäre aus meiner Sicht eine Anhebung bis zum damaligen Level auch noch einmal möglich.«[12] Davon war allerdings später nie wieder etwas zu hören. Stattdessen forderte Kramp-Karrenbauer die rasche Abschaffung des Solidaritätszuschlags, also eine Steuerentlastung, von der höhere Einkommen automatisch stärker profitieren als niedrigere, weil sich der Zuschlag an der gesamten Steuerlast bemisst.[13]

■ Beim Thema »Innere Sicherheit« schlägt Annegret Kramp-Karrenbauer die in der Partei üblichen, harten Töne an. So sprach sie sich für ein Vorgehen aus, das die »Gefühle« von Menschen wichtiger nimmt als die statistisch belegbare Realität: Statistiken seien nicht hilfreich, »wenn die Menschen nicht das Gefühl haben, dass sie sicher sind«.[14] Beim Parteitag sorgte sie dann für Jubel mit der Bemerkung, sie wolle einen Staat, der sich nicht von Kriminellen »auf der Nase herumtanzen lässt«.

■ In der Migrationspolitik kommt die neue CDU-Vorsitzende dem flüchtlingsfeindlichen Diskurs von rechts stärker entgegen als ihre Vorgängerin, die sie allerdings sowohl bei der »Grenzöffnung« im Herbst 2015[15] als auch später bei der Rückkehr zur Politik der Abschottung unterstützte. »AKK« forderte, abgeschobenen Straftätern die Wiedereinreise in den gesamten Schengen-Raum lebenslang zu verbieten.[16] Außerdem brachte sie Abschiebungen nach Syrien ins Gespräch, was selbst bei Innenminister Horst Seehofer (CSU) auf Widerspruch stieß.[17]

▪ Außenpolitisch fiel Kramp-Karrenbauer nur einmal auf – allerdings leider dadurch, dass sie eine härtere Gangart gegenüber Russland forderte.[18]

Die Auflistung zeigt: Annegret Kramp-Karrenbauer ist durchaus in der Lage, eigene Akzente zu setzen. Eine reine Kopie ihrer Vorgängerin ist sie nicht. Aber letztlich überwiegen die Gemeinsamkeiten dann doch massiv, denn außer bei den hier genannten Themen sind keine Abweichungen bekannt. Sicher wird die neue Vorsitzende den streng Konservativen in der CDU etwas mehr rhetorisches »Futter« bieten, und ihr neuer Generalsekretär Paul Ziemiak, der »Mini-Merz«, wie *Zeit Online* ihn betitelte, ist dazu erst recht prädestiniert.[19] Aber nichts deutet darauf hin, dass es eine echte Abkehr geben wird von Merkels Kurs, weder in die eine noch in die andere Richtung. Merkels Erbe, um das es auf den folgenden Seiten gehen wird, bleibt die Grundlage für den im Kern konservativen und neoliberalen Kurs der CDU.

Das Erbe

Der Anfang vom Ende hat ein Datum: Am 29. Oktober 2018 verkündete Angela Merkel, dass sie beim Parteitag im Dezember nicht mehr für den CDU-Vorsitz kandidieren werde. Drei Jahre später, so die Ankündigung, wolle sie sowohl aus dem Kanzleramt als auch aus dem Bundestag ausscheiden und danach auch keine anderen Ämter mehr bekleiden.

Niemand wusste damals, ob die erste Frau an der Spitze der deutschen Regierung wirklich bis 2021 durchhalten könne. Vieles sprach von Anfang an für die Vermutung, dass ihre Nachfolgerin oder ihr Nachfolger im CDU-Vorsitz versuchen würde, sich in Abgrenzung von der noch amtierenden Kanzlerin – und im Zweifel auf ihre Kosten – für die Spitzenkandidatur bei der nächsten Wahl zu profilieren. Hinzu kam: Ob diese Wahl tatsächlich erst im Herbst 2021 stattfinden oder ob die große Koalition nicht doch schon vorher platzen würde, stand keineswegs fest. Kurzum: Das Ende der Ära Merkel war absehbar, die Zeit der Bilanzen und Ausblicke gekommen. Was hat diese bemerkenswerte Politikerin aus Deutschland gemacht? Was bleibt von Angela Merkel, wenn sie geht?

In diesem Buch finden Sie eine erste Bestandsaufnahme des politischen Erbes von Angela Merkel. Anhand einer Reihe von Themenbereichen wird zu zeigen sein, wie sich Deutschland in 13 Jahren unter ihrer Kanzlerschaft verändert hat und wie ihr politisches Wirken während dieser Zeit zu bewerten ist. Um das Ergebnis kurz vorwegzunehmen: Die Bilanz fällt insgesamt alles andere als positiv aus. Allerdings hat die hier geübte Kritik mit den Parolen von rechts (»Volksverräterin«) so wenig zu tun wie mit den erstaunlichen Lobreden, die der scheidenden Spitzenfrau aus dem demokratischen Lager auch weit über die eigene Partei hinaus gewidmet wurden. Es geht um die Frage, was der »Merkelismus« zum Beispiel in Fragen der Gerechtigkeit, der ökonomischen Stabilität Deutschlands und Europas, der sozialen Sicherheit, der Bürgerfreiheiten, der demokratischen Kultur, des inneren und äußeren Friedens, der ökologischen Nachhaltigkeit, der Gleichberechtigung zwischen Geschlechtern und unterschiedlichen Lebensweisen geleistet hat. Die Antwort wird lauten: zu wenig, um den Zusammenhalt der Gesellschaft zu sichern, und zu vieles, das ihn gefährdet.

Diese Befunde verlassen, wie erwähnt, das »Gut-Böse«-Muster, in dem sich die Debatte über Angela Merkel gegen Ende ihrer politischen Karriere bewegt hat. Um diese Abgrenzung noch etwas deutlicher zu machen, soll zunächst kurz auf die verengten Diskussionen, die den öffentlichen Raum beherrschen, eingegangen werden.

Heldin oder Volksverräterin? Oder etwas anderes?

»Angela Merkel ist mir die beste und die liebste Politikerin, und das sage ich, die ich noch nie CDU gewählt habe, aus tiefstem Herzen! Dass sie geht, ist traurig, aber auch wie sie das tut, ist edel, so wie ihre ganze Handlungsweise. Ein Hoch auf Angela Merkel!«[1] So lautete der Brief einer Leserin, der Anfang November 2018 in der *Frankfurter Rundschau* erschien, nachdem die Bundeskanzlerin drei Tage vorher ihren Verzicht auf den CDU-Vorsitz erklärt hatte. Auch die Schriftstellerin Jana Hensel konnte sich vor rückblickender Begeisterung kaum halten:

Angela Merkel war – ist – als deutsche Bundeskanzlerin neben wenigen anderen *leader of the free world*. (…) Dass sie die CDU in die Mitte rücken würde, mir war es recht. Ich habe diese Partei, von der wohl im Nachhinein niemand wirklich wird sagen können, ob es je die richtige für Angela Merkel war, nur ihretwegen gewählt. Ich wollte mit ihr noch lange in diesem Deutschland zu Hause sein. Ich mag ihre Augenringe, die manchmal größer, manchmal kleiner sind, für mich sind es Augenringe des Vertrauens. Ich mag, wenn sie ihre Hände zu einer Raute faltet, wenn sie sie im Reden in der immer gleichen Bewegung öffnet und wieder schließt. Ich mochte es, wenn sie auf Obama, Putin, Macron oder wen auch immer traf. Stets lief sie, ihre rechte Hand weit ausgestreckt, auf den anderen zu, immer mit einem offenen Blick, manchmal ein bisschen peinlich berührt, wenn die Männer sie allzu fest umarmen wollen. Ich kann es nicht anders sagen, aber ich war in diesem Merkel'schen Trippeln durch die Welt mit ihr unterwegs. Als sie den Dalai Lama im Kanzleramt empfing, als sie in Jerusalem erklärte, die Sicherheit Israels sei deutsche Staatsräson, als sie mit Putin wieder nächtelang um eine Einigung in der Ukrainekrise rang. Ich konnte mir niemand anderen an ihrer Stelle vorstellen.[2]

Falls die Noch-Kanzlerin die Lobgesänge damals zur Kenntnis genommen hat, werden sie ihr eine besondere Freude gewesen sein. Denn immer häufiger schallte ihr aus der rechten Ecke das Schlagwort »Volksverräterin« entgegen. »Mit der von Ihnen geduldeten und mit verursachten Masseneinwanderung und der Unfähigkeit, sie zu beenden, haben Sie dem jetzigen deutschen Volk und seinen Nachfahren unabsehbaren Schaden zugefügt«, schrieb der einschlägig bekannte Ex-Generalmajor Gerd Schultze-Rhonhof schon im Oktober 2015 in einem offenen Brief an die Kanzlerin, den die rechtspopulistische Plattform *Epoch Times* verbreitete.[3]

Wer die Reaktionen auf die Rückzugs-Ankündigung verfolgte, stieß oft auf genau diese beiden Extreme. Die einen lobten Merkel als kluge Anführerin der politischen Mitte, die ihre Partei von rückwärtsgewandtem Ballast befreit, Deutschland mutig modernisiert, für Ausgleich in internationalen Krisen gekämpft und schließlich 2015, als Millionen Menschen nach Europa flüchteten, ihr großes Herz gezeigt habe. Die anderen, vom rechten CDU-Flügel bis zum rechtsextremen Rand des politischen Spektrums, warfen ihr all das mehr oder weniger wütend vor. Die Parole »Merkel muss weg« war nur die grobe Formel für einen Wunsch, den auch große Teile der Unionsparteien schon länger hegten.

Entlang dieser Trennlinie verliefen auch viele Debatten über die Zukunft der CDU und unseres gesamten politischen Systems:

Entweder, es setze sich auch nach der Ära Merkel die gemäßigt moderne, weltoffene »Mitte« durch, in der fast alle demokratischen Parteien miteinander koalieren und gemeinsam die Demokratie verteidigen könnten – oder der rechte, nationalistische Populismus werde früher oder später die politische Hegemonie und die wichtigsten Ämter erringen, so wie in den USA, Ungarn oder Italien.

Angela Merkel selbst hat die politische Auseinandersetzung kurz vor dem Ende ihrer Amtszeit als CDU-Vorsitzende auf dieses »Entweder – oder« reduziert: »Wenn man zu denen gehört, die glauben, sie könnten alles allein lösen und müssten nur an sich denken: Das ist Nationalismus in reinster Form. Das ist kein Patriotismus; denn Patriotismus ist, im deutschen Interesse auch andere mit einzubeziehen und Win-win-Situationen zu akzeptieren.« Das Protokoll verzeichnet an dieser Stelle »anhaltenden Beifall bei der CDU/CSU, der SPD, der FDP, der LINKEN und dem BÜNDNIS 90/DIE GRÜNEN«.[4]

Ganz ähnlich sahen es viele Medien. Als CDU-Generalsekretärin Annegret Kramp-Karrenbauer erstmals ihre Bewerbung um den Parteivorsitz begründet hatte, waren in einem Zeitungskommentar die folgenden Passagen zu lesen:

Annegret Kramp-Karrenbauer will, aber kann sie auch Angela Merkel als Parteivorsitzende beerben? Zumindest hat sie selbstbewusst und überzeugend ihren meist männlichen Mitstreitern um das höchste Parteiamt den Fehdehandschuh hingeworfen. Nebenbei und nicht mit schrillen Tönen hat sie ihre wichtigsten Vorzüge erwähnt. (…) Vor allem hat sie sich als Alternative zu den konservativen Mitstreitern Friedrich Merz und Jens Spahn positioniert. Sie will nicht auf Teufel komm raus das rechte Profil schärfen, um der AfD ein paar Wählerinnen und Wähler abzujagen, sondern auch im digitalen Zeitalter auf die soziale Marktwirtschaft setzen und ihre ausgleichende und wohlstandssichernde Wirkung behalten. AKK will also den Modernisierungskurs der Partei nicht verlassen.[5]

Der Text stammt nicht etwa aus einem konservativen Blatt, sondern aus der linksliberalen *Frankfurter Rundschau*. Nicht, dass die *FR* nun plötzlich ins konservative Lager gewechselt wäre. Aber es spiegelte sich in solchen Lobpreisungen zumindest die

Vorstellung, die CDU könnte unter einer Nachfolgerin aus dem Merkel-Lager Teil einer großen, demokratischen, anti-rechten »Gemeinschaft der Demokraten« werden.

Es ist schon nachvollziehbar, wenn liberale und sogar linke Beobachterinnen und Beobachter lieber wieder eine gemäßigt konservative Frau an der Spitze der Christdemokraten sehen wollten als einen stockkonservativen, marktradikalen und eitlen Mann. Aber man sollte dabei nicht vergessen, dass auch Annegret Kramp-Karrenbauer im Kern eine Neoliberale ist (und wie auch Merkel der »Ehe für alle« kritisch gegenübersteht). Eine solche Politikern kann doch für eine ökonomisch gerechte und gesellschaftlich liberale oder gar linke Politik – also für das vielleicht einzige wirksame Gegenmittel gegen rechts – keine Bündnispartnerin sein!

Auch das ARD-Magazin Panorama, schon seit seiner Gründung 1961 eher dem linken Lager zugeordnet und oft durch Mut zum kritischen Journalismus aufgefallen, bildete die Frontstellung ganz im Merkel'schen Sinne ab. Auf ihre Rückzugs-Ankündigung reagierte es mit zwei Beiträgen. Im ersten Film wurden drei Gegner der Kanzlerin gezeigt. Alle drei waren ältere Männer, und alle drei trugen die üblichen Vorwürfe vor: Da war der enttäuschte CDU-Wähler, der mit einem weiblichen »Nobody« aus dem Osten ohne »wirtschaftswissenschaftlichen Hintergrund« nichts anzufangen wusste und seine Hoffnungen auf den marktradikalen Kandidaten Friedrich Merz setzte. Da war das Parteimitglied (»seit 58 Jahren«), das schon 2015 in einem Brief an die Kanzlerin die vom rechten Flügel der Unionsparteien, von der AfD sowie von Pegida-Demonstranten immer wieder zu hörenden Vorwürfe formuliert hatte: »Offensichtlich haben Sie sich in ein anderes Land, ›Angela Wunderland‹, aufgemacht (…) – in ein Land, in dem Willkommenskultur für Migranten (…) als Staatsziel in der Verfassung verankert ist.« Und dann war da noch der baden-württembergische FDP-Politiker Ulrich Rülke, der die gängige Medien-Erzählung von Merkel, der Machtpolitikerin ohne Überzeugungen, referierte: »Da gibt es keine Linie der Überzeugung. Sondern was es gibt, ist eine

Programmatik der Macht.«[6] Nicht wirtschaftsliberal genug, zu flüchtlingsfreundlich, machtfixiert und überzeugungslos: Da waren sie wieder, die üblichen Muster. Kritik von links kam dagegen nicht vor.

Es folgte der zweite Beitrag, welcher die Unterstützer-Seite zeigen sollte. Genauer gesagt: die Unterstützerinnen-Seite, denn hier kamen ausschließlich prominente Frauen zu Wort. Allerdings ging es jetzt – der Redaktion war wohl gar nicht bewusst, welche Rollenbilder sie da transportierte – so gut wie gar nicht um die Inhalte der Politik, sondern um Person und Stil der Kanzlerin. So war zum Beispiel von der Grünen-Politikerin Claudia Roth zu hören: »Sie ist Machtpolitikern, aber sie klebt nicht an der Macht. Bei aller Kritik an politischen Entscheidungen, für die sie steht: Was diese Frau geleistet hat, was sie für eine Arbeitsmoral hat, wie sie sich zu 100 Prozent einbringt, da gibt es nichts anderes. (…) Ich habe mich immer gefragt, wie schafft sie das?« Nicht erläutert wurde, wie genau die »Kritik an politischen Entscheidungen, für die sie steht«, aussieht. Und die Schauspielerin Maria Furtwängler ergänzte noch pathetischer: »Dieses Sachbezogene, dieses Unaufgeregte, dieses Uneitle, dieses Skandalfreie, danach können sich andere Länder nur sehnen. (…) Wir werden sie irgendwann noch vermissen.«[7]

Hier die rechtslastigen Männer, die Merkels Politik in den Boden stampfen, dort die aufgeklärt-freiheitlichen Frauen, die Merkels Person bewundern – es wäre schon traurig, wenn das alles wäre, was es zu sagen gibt. Um nicht missverstanden zu werden: Die – soweit sich das von außen beurteilen lässt – persönliche Integrität der Kanzlerin, ihren Fleiß und ihre Arbeitsmoral kann man loben, und tatsächlich bildete ihr Auftreten immer einen positiven Kontrast zu den Testosteron-Ausbrüchen der Trumps, Erdogans und Seehofers dieser Welt. Aber kann das alles sein? Macht etwa die Würdigung der Person eine kritische Auseinandersetzung mit ihrer Politik überflüssig? Kann es klug sein, diese Auseinandersetzung den Wütenden von rechts ganz allein zu überlassen? »Anführerin der freien Welt« oder »Volksverräterin«; Hoffnungsträgerin, an der sich überzeugte

Demokraten weit über die CDU hinaus aufrichten können, oder Protagonistin einer angeblichen »Umvolkung«, die das wahre Deutschland durch den »Zustrom« von Migranten zerstört – sollen das die einzigen Kategorien sein, in denen man über Angela Merkel nachdenken kann?

Die Antwort lautet: Nein. Die Loblieder gehen an Merkels Wirken und dessen Folgen ebenso vorbei wie die wütenden Anti-Merkel-Parolen von rechts. So absurd auf der einen Seite die Vorstellung der nationalen Rechten ist, die Probleme einer globalisierten Gesellschaft ließen sich durch Abschottung der Nation nach außen und durch den Rückzug in eine ethnisch-kulturell homogene Volksgemeinschaft lösen, so verfehlt erscheint andererseits auch die Ansicht, die um Merkel versammelte »Mitte« sei die richtige Antwort auf Populismus, Nationalismus und Fremdenfeindlichkeit.

Dieses Buch vertritt eine andere, in der öffentlichen Debatte bisher unterrepräsentierte These: Durch mangelnden Reformwillen, durch übermäßige Orientierung an den Interessen »der Wirtschaft« und durch einen allenfalls halben Humanismus in der Flüchtlingsfrage hat diese Kanzlerin selbst zur Spaltung des Landes und zur Erosion des demokratischen Diskurses entscheidend beigetragen. Ja, auch am Aufstieg der AfD trägt sie eine Mitverantwortung. Sicher hat der Erfolg dieser Partei auch Gründe, die man Merkel nicht anlasten kann. So sammelt sie beispielsweise das Potenzial an »gruppenbezogener Menschenfeindlichkeit« ein, das es in der bundesdeutschen Gesellschaft schon lange gibt. Aber die selbsternannte »Alternative« ist eben nicht nur das Sammelbecken für Ressentiment und Rassismus, sondern auch Produkt einer behaupteten »Alternativlosigkeit«, welche die politische Auseinandersetzung unter Demokraten wo immer möglich umging und die Gesellschaft in einer trügerischen Sicherheit wiegen zu können glaubte. Der Mangel an echten demokratischen Alternativen zum »Merkelismus« ermöglichte es der AfD erst, sich als »Alternative« aufzuspielen.

An der Grenze des »Weiter so«

In der Erzählung von der angeblichen Alternativlosigkeit ihres Handelns hatte Angela Merkel bekanntlich eine große Meisterschaft entwickelt. Das machte sie zur beliebtesten Politikerin Deutschlands – so lange, bis die Flüchtenden aus den Krisengebieten dieser Welt auch dem Letzten die Brüchigkeit des gemütlichen »Weiter so« deutlich machten. Deutlich machten, wohl gemerkt: Verursacht wurden die Brüche im deutschen Biedermeier-Kapitalismus nämlich nicht durch die Migration, sondern sie waren schon längst vorher da. Und statt politisch dagegen anzugehen, verstärkte der Merkelismus die Konfliktpotenziale durch die politische Verweigerung dringend notwendiger, tiefgreifender Reformen, die – siehe die Wohnungspolitik, siehe die Verkehrswende, siehe die notwendige Umverteilung durch Steuern – nur in Konfrontation mit Spitzenverdienern, Vermögensbesitzern, Unternehmen und deren Lobby hätten angegangen werden können. Genau das hat Angela Merkel weder getan noch gewollt, und das macht sie mitverantwortlich für die Erfolge derjenigen, die so tun, als sei der Kampf gegen Zuwanderung die einzige »Alternative für Deutschland«. Doch bevor wir uns den seit Beginn ihrer Kanzlerschaft begangenen Fehlern widmen, gilt es die Bruchstelle in der Karriere der Kanzlerin näher zu betrachten. Denn erst die Ereignisse des Herbstes 2015 brachten die vermeintlich Unangefochtene ins Wanken.

Bis dahin hatte Merkels Methode, schwelende gesellschaftliche Konflikte und Alternativen zur eigenen Politik möglichst gar nicht in den öffentlichen Raum vordringen zu lassen, erstaunlich gut funktioniert. Ihr Namensvetter, der Politikwissenschaftler Wolfgang Merkel, beschrieb die Methode noch kurz vor der Bundestagswahl 2017 wie folgt: »Es ist geradezu eine Strategie der Kanzlerin geworden, Probleme auszusitzen und nicht zu thematisieren. Der Polit-Speak hat einen neuen Begriff erfunden, der heißt ›asymmetrische Demobilisierung‹, also nicht die Bürgerinnen und Bürger in die Debatte und den demokratischen Streit einzuführen und hineinzuziehen, sondern sie eher zu sedieren.«[8] Dahinter stand das Kalkül, dass die Anhängerinnen und Anhänger anderer Parteien – vor allem der SPD – an Wahltagen in größerer Zahl zu Hause bleiben, wenn es gelingt, die politische Konkurrenz am Platzieren kontroverser Themen zu hindern.

Erst nachdem die Geflüchteten zum Katalysator – nicht zur Ursache! – der untergründig schwelenden Konflikte, Ängste und Unzufriedenheiten in der Gesellschaft geworden waren, brach dieses Konzept in sich zusammen. Zugleich war die SPD in der selbstgewählten Gefangenschaft der großen Koalition ermattet und als überzeugende Verfechterin alternativer Ansätze so gut wie ausgefallen. Nur kurz schien ihr Kanzlerkandidat Martin Schulz eine Chance zu haben, als er das Schlagwort »Gerechtigkeit« in die Debatte warf und damit offensichtlich auf ein verbreitetes Bedürfnis in der Wählerschaft stieß. Aber es misslang ihm und seiner Partei, das Gerechtigkeitsprojekt überzeugend in der Öffentlichkeit zu platzieren. Am Ende profitierte nicht die SPD von den Verlusten der Unionsparteien, sondern größtenteils die AfD: Keiner Partei jagte sie, verrechnet man Gewinne und Verluste, so viele Stimmen ab wie der CDU und der CSU. Nur von den Nichtwählern profitierten die Nationalrechten noch stärker.[9] Aber auch das lässt sich zumindest zum Teil als Ergebnis von Merkels fataler »Demobilisierungsstrategie« deuten: Viele, die der Politik wegen vermeintlicher »Alternativlosigkeit« den Rücken gekehrt hatten, kehrten nun als AfD-Wähler zurück. Allerdings hat die Union auf paradoxe Weise auch vom Einzug der AfD in die Parlamente profitiert: Mehrheiten gegen die CDU und die CSU sind jetzt noch schwerer zu erreichen als zuvor.

Der US-amerikanische Soziologe Richard Sennett hat den Erfolg des Rechtspopulismus folgendermaßen interpretiert: »In den USA und in Europa gibt es immer mehr Menschen, die sich verschließen vor dem Neuen, die nicht mehr diskutieren, sondern abschalten wollen. Sie sind nicht mehr interessiert an Partizipation. Sie wollen Verantwortung abgeben. Sie haben Lust auf autoritäre Lösungen.«[10] Auf der einen Seite steht das »Abschalten«, also die von Merkel mitverantwortete Abwendung vom demokratischen Diskurs. Dadurch entsteht auf der anderen Seite die »Lust auf autoritäre Lösungen«: Besser kann man den Zusammenhang zwischen Merkels Demobilisierungsstrategie und den Erfolgen der AfD kaum beschreiben. Sie hat ihn wahrscheinlich nicht gewollt, den Aufstieg der rassistischen Rechten. Aber die Strategie der Ruhigstellung, die sie zehn Jahre lang erfolgreich verfolgte, musste fast zwangsläufig in dem Augenblick scheitern, der allen zeigte, dass es keineswegs einfach so weitergehen konnte.

Auch dieser Augenblick hat ein genaues Datum: die Nacht vom 4. auf den 5. September 2015. Jene Nacht, in der Angela Merkel »die Grenze öffnete«, wie es heute oft heißt. Die Formulierung ist nicht ganz richtig, denn die Grenze war nicht geschlossen, aber was die Kanzlerin tat, war dennoch von großer Bedeutung: Sie machte die Grenze nicht dicht. Sie verzichtete auf die Alternative, mit einem gigantischen Polizeieinsatz die Menschen, in deren Gesichtern sich die schlimmsten Krisen der Gegenwart spiegelten, von Deutschland fernzuhalten.

Was folgte, wird inzwischen leider allzu oft vergessen: Überall in Deutschland entstand das, was man schon bald als »Willkommenskultur« verstand. Im Applaus, mit dem die Ankommenden in vielen Städten des Landes empfangen wurden, schwang eine Botschaft mit, die neben ihrer erfreulich selbstverständlichen Humanität auch eine politische Komponente enthielt: »Wir haben verstanden«, sagten die unzähligen Helferinnen und Helfer mit ihrem Tun. Indem wir euch als Menschen nicht zurückweisen, weisen wir auch die Verantwortung nicht zurück, die wir mit unseren Rüstungsexporten, mit unserer Wirtschaftspolitik, mit unserem Verschanzen hinter den Grenzen der Wohlstandsfestung auf uns geladen haben. Sicher dachten nicht alle so, die spontan und wirkungsvoll halfen. Aber ihr Handeln sendete genau dieses Signal. Und dass diese Bürgerinnen und Bürger, von denen viele nie und nimmer die CDU gewählt hatten, auch der Kanzlerin für ihren humanitären Akt applaudierten, war verständlich – auch wenn Merkels Entscheidung unter massivem Druck der Nachbarländer gefallen war.

Der Satz »Wir schaffen das« konnte sogar als Ermutigung an diejenigen verstanden werden, die sich schon lange für eine Abkehr von der restriktiven Flüchtlingspolitik der deutschen Regierung und der EU eingesetzt hatten – aus humanitären Gründen, aber auch weil sie wussten, dass Abschottung auf Dauer nicht funktionieren würde. Schon am 31. August 2015 hatte Merkel gesagt: »Deutschland ist ein starkes Land. Das Motiv, mit dem wir an diese Dinge herangehen, muss sein: Wir haben so vieles geschafft – wir schaffen das! Wir schaffen das, und dort, wo uns etwas im Wege steht, muss es überwunden werden, muss daran gearbeitet werden. Der Bund wird alles in seiner Macht Stehende tun – zusammen mit den Ländern, zusammen mit den Kommunen –, um genau das durchzusetzen.«[11] Das war vier Tage vor dem Beschluss, die deutsche Grenze nicht zu schließen. Aber gerade wegen Merkels Worten bei ihrer Sommer-Pressekonferenz konnte diese spätere Entscheidung dann als Beleg dafür gesehen werden, dass die »Willkommenskultur« – so schwer die Aufgabe angesichts der Flüchtlingszahlen auch war – nun regierungsamtliche Politik geworden sei. Und wie die anfänglich zitierten Lobesworte aus dem liberalen Spektrum zeigen, wirkt dieser Eindruck bis heute nach.

Allerdings: Wie in anderen Politikbereichen, so ist auch hier die positive Einschätzung der Liberalen bei genauerer Betrachtung kaum zu halten. Es ist richtig, dass die Regierung Merkel seit dem starken Anstieg der Flüchtlingszahlen eine Menge Geld mobilisierte: Allein in den Jahren 2016 und 2017 gab der Bund jeweils rund 20 Milliarden Euro aus. Das waren etwas mehr als sechs Prozent des Bundeshaushalts, also nichts, was die Finanzkraft der Bundesrepublik überfordern würde. Und wer nur etwas genauer hinschaut, muss feststellen, dass in die Gesamtsumme oft die Mittel für die »Bekämpfung von Fluchtursachen« – also faktisch für Entwicklungszusammenarbeit – eingerechnet wurden. Im Jahr 2017 allein waren das zum Beispiel 6,8 Milliarden Euro, also ein Drittel der aufgewandten Summe. Überschriften wie »20 Milliarden Euro für Flüchtlinge« sind dementsprechend gar nicht gedeckt.[12] Und wer es noch genauer nimmt, müsste die Kosten außerdem mit den gesamtwirtschaftlichen Nutzeffekten der Zuwanderung verrechnen.[13]

Bei aller Kritik im Einzelnen ist also nicht zu bestreiten, dass der Bund seine Verpflichtungen ernst nahm, was Unterbringung, Versorgung und auch Integrationsleistungen wie den Spracherwerb betrifft. Doch Angela Merkels »Wir schaffen das« hätte noch viel mehr bedeuten müssen, hätte sie dem Ruf der »Flüchtlingskanzlerin«, den Freund und Feind ihr anhängten, wirklich gerecht werden wollen. Die »Flüchtlingskrise«, die in Wirklichkeit keine »Flüchtlingskrise«, sondern ein Ausdruck ganz anderer, globaler Krisen war, hätte den Anlass zu einem politischen Neuaufbruch geben müssen. Merkels »Wir schaffen das« hätte bedeuten können, Deutschland in einem Umfeld globaler Konflikte neu zu positionieren – nach innen wie nach außen.

Das wäre selbstverständlich nicht einfach gewesen, und es hätte bei Angela Merkel und ihrer Partei ein echtes Umdenken erfordert. Aber es hätte eine Vielzahl realistischer Möglichkeiten gegeben, ihr »Wir schaffen das« auszubuchstabieren:

■ Wir schaffen das, weil wir endlich die Länder an den Außengrenzen der EU, die wir jahrelang mit den Ankommenden alleingelassen haben, entlasten, denn zu lange haben Binnenstaaten wie wir überproportional vom »Dublin-System«, in dem die Ankunftsländer für die Geflüchteten zuständig sind, profitiert. Dann steigt vielleicht auch die Bereitschaft anderer EU-Partner, sich wieder stärker an der Aufnahme geflüchteter Menschen zu beteiligen. Erst recht, wenn wir auch in der europäischen Wirtschafts- und Finanzpolitik gemeinsame Investitionen unternehmen und Solidarität praktizieren, statt einzelne Länder auf Kosten ihrer Bevölkerungen zu knallharten Sparprogrammen zu zwingen.

■ Wir schaffen das, weil wir mit den deutschen Kommunen einen großen Pakt nach dem Prinzip der »solidarischen Städte« schließen, in dem diejenigen, die auch wollen – und die gibt es –, sich zur weiteren Aufnahme Geflüchteter verpflichten. Sie erhalten dafür die finanzielle Hilfe vom Bund, die sie brauchen, um nicht wegen der Neuaufgenommenen anderswo sparen zu müssen, denn das würde die Bereitschaft der alteingesessenen Bürgerinnen und Bürger zum Mitmachen auf Dauer gefährden. Flüchtlingsunterkunft oder neue Grundschule: Das dürfen niemals die Alternativen sein.

- Wir schaffen das, weil wir nicht nur die Zuwanderung von Fachkräften endlich regeln, sondern auch Menschen, die hier bereits Asyl beantragt haben und »geduldet« sind, den »Spurwechsel« zum Einwanderer-Status ermöglichen.[14]
- Wir schaffen das, weil wir ein großes Investitionsprogramm für günstigen Wohnraum auflegen, und zwar sowohl für Alteingesessene als auch für Geflüchtete. Denn wir haben seit Jahrzehnten zugesehen, wie die Zahl geförderter Wohnungen zurückging und die Immobilien-Spekulation immer neue Blüten trieb – was erst zu der Wohnungsnot führte, die jetzt manchen Alteingesessenen Angst vor Konkurrenz durch Zugewanderte bei der Wohnungssuche macht.
- Wir schaffen das, weil wir für diese Investitionen eine Abgabe auf große Vermögen und einen Zuschlag auf die höchsten Einkommen erheben, die seit Jahrzehnten überdurchschnittlich gewachsen sind.
- Wir schaffen das, weil wir den Menschen in Deutschland sagen: Rüstungsexporte in Kriegs- und Krisengebiete sind endgültig vorbei. Jobs in der Waffenindustrie dürfen kein Vorwand sein, um das Töten in der Welt zu fördern, vor dem dann wieder die Menschen nach Europa fliehen müssen.
- Wir schaffen das, weil wir die »Fluchtursache Klimawandel« endlich konsequent bekämpfen: Als erster Schritt werden alle Kohlekraftwerke so schnell wie möglich stillgelegt und für die Beschäftigten ausreichend ausgestattete Umschulungsprogramme geschaffen.
- Wir schaffen das, weil wir uns in der EU und der Nato noch viel stärker als bisher für einen Ausgleich mit Russland einsetzen – aller berechtigten Kritik an Moskau zum Trotz. Denn das ist die einzige Chance, Konflikte wie denjenigen in Syrien gemeinsam zu lösen.

- Wir schaffen das, weil wir ab sofort auf Freihandelsabkommen mit afrikanischen Staaten verzichten, deren Landwirtschaft durch billige EU-Experte ruiniert zu werden droht. Denn auch das ist ein Anreiz zur Flucht.

Wie gesagt: Einfach wäre es nicht gewesen. Es hätte einiger Arbeit bedurft, um die deutsche Öffentlichkeit, in der die Rhetorik und die Praxis der Abschottung längst wieder die Hegemonie errungen hat, von dieser Politikwende zu überzeugen – von den europäischen Partnern ganz zu schweigen. Und sicher hätte nicht alles schnell und reibungslos funktioniert. Aber war das bei der Politik, wie Merkel sie stattdessen betrieb, etwa anders?

Nein, denn die Realität sieht bekanntlich folgendermaßen aus:

- Im Mittelmeer ertrinken auch weiter fast jeden Tag Menschen.
- Die EU hat ausgerechnet mit Erdogans Türkei ein Abkommen geschlossen, bei dem er sich gegen Geld dazu verpflichtet, eine große Zahl an Geflüchteten bei sich aufzunehmen und an der Weiterreise nach Europa zu hindern. Erdogan kann, wenn die Europäer seine Politik kritisieren, jederzeit mit einer Aufkündigung dieser Vereinbarung drohen.
- Die Regierung Merkel bemüht sich weiter um Vereinbarungen mit möglichst vielen Staaten, die an Flüchtlingsrouten liegen: Migration sei »eine politische Währung« geworden, berichtete zum Beispiel Radiokorrespondent Jens Borchers aus dem Niger. Tenor: Die einen leisten Wirtschaftshilfe, die anderen halten dafür die Geflüchteten auf.[15] Gegen Hilfe zur Bekämpfung von Fluchtursachen spricht natürlich nichts. Aber sie an die mehr oder weniger gewaltsame Verhinderung von Migration zu knüpfen, ist etwas ganz anderes.
- Merkels Regierung will die Maghreb-Staaten zu »sicheren Herkunftsländern« erklären, um Asylanträge von Bürgern dieser Staaten möglichst schnell bearbeiten – das heißt meistens: ablehnen – zu können. Dass zum Beispiel Algerien offenbar Tausende Migranten einfach in der Wüste ausgesetzt hat[16] und dass unabhängige Organisationen immer noch von zahl-

reichen Menschenrechtsverletzungen im Maghreb berichten,[17] spielt dabei offensichtlich keine Rolle.

- Die EU rüstet an ihren Außengrenzen massiv auf, um mit allen technischen Finessen Menschen an der illegalen Einreise zu hindern, für die es längst keine legalen Wege mehr gibt und die es trotz allem bis hierher schaffen.
- Die Regierung Merkel hat das deutsche Asylrecht mehrfach verschärft. Zuletzt führte die Koalition sogenannte »Ankerzentren« ein, obwohl viele Experten warnen, die Unterbringung in solchen Sammelunterkünften berge die Gefahr, »dass sich da organisierte Strukturen bilden, dass es da eine ungute Dynamik gibt und dass da auch ein hohes Gewaltpotenzial sich anreichert«, so die Polizistin und Grünen-Politikerin Irene Mihalic in einem Radio-Interview.[18]

Fazit: Auf der einen Seite gäbe es durchaus Ideen für eine konsequente »Wir schaffen das«-Politik. Auf der anderen Seite steht das reale Handeln der scheidenden Kanzlerin und ihrer Regierung. Vielleicht kann diese Gegenüberstellung zeigen, dass das Image der »Flüchtlinskanzlerin«, das Angela Merkel von ihren Fans wie von ihren Feinden angehängt bekommt, mit den Tatsachen nur begrenzt zu tun hat.

Wer das feststellt, fordert keineswegs, »alle aufzunehmen«, wie es den Kritikern der restriktiven Migrationspolitik immer wieder unterstellt wird. Ohnehin lebten von den 68,5 Millionen Menschen, die 2017 auf der Flucht waren, allein 40 Millionen als Vertriebene im eigenen Land. 85 Prozent der Geflüchteten insgesamt waren in sogenannten Entwicklungsländern untergekommen.[19] Die Zahl derjenigen, die tatsächlich um Asyl ersuchten, betrug für das Jahr 2017 nicht etwa 68,5 Millionen, sondern 3,1 Millionen – weltweit.[20] Zum Vergleich: Die Europäische Union hat knapp 513 Millionen Einwohner. Spricht das nicht eher dafür, dass sich »Flüchtlingskrisen« ganz woanders abspielen als bei uns, nämlich in den Nachbarländern von Kriegsgebieten und Unruhe-Regionen?

Aber wie viele auch immer gern nach Europa, nach Deutschland kämen: »Alle aufzunehmen«, hat niemand gefordert. Niemand hat zudem bestritten, dass es Anerkennungsverfahren und auch Ablehnungen geben muss. Niemand bestreitet, dass das von der Merkel-Regierung beschlossene »Fachkräfte-Zuwanderungsgesetz« einen Fortschritt in der Migrationspolitik darstellt, wenn auch mit Einschränkungen wie dem schon erwähnten fehlenden »Spurwechsel«. Und niemand ignoriert die deutschen Beiträge für die internationale Flüchtlingshilfe.[21] Aber die Großzügigkeit und die Humanität, die aus Merkels »Wir schaffen das« zu sprechen schien, ist in der Praxis eben doch nicht so eingelöst worden, wie es dem reichsten Land Europas angemessen wäre. Und das damalige Versprechen hat sich, wie die oben genannten Kritikpunkte zeigen, zum größten Teil wieder in eine Rhetorik und eine Politik der Flüchtlingsabwehr verwandelt. Es war die Noch-Kanzlerin, die schon im September 2016 den Ton vorgab: »Für die nächsten Monate ist das Wichtigste Rückführung, Rückführung und nochmals Rückführung.«[22]

Was das bedeutet, ließ sich dann auch sehr bald in der Praxis beobachten: Am 13. November 2018 startete der 18. Abschiebeflug nach Afghanistan innerhalb von zwei Jahren. »Während aktuelle Stellungnahmen des UNHCR und anderer NGOs sicherere innerstaatliche Fluchtalternativen verneinen und vor dem hohen Risiko warnen, Opfer von Gewaltattacken zu werden, schiebt Deutschland weiterhin fleißig dorthin ab«, kommentierte der Bayerische Flüchtlingsrat, und er berichtete:

Unter den Betroffenen sind auch dieses Mal Personen mit massiven psychischen Erkrankungen, Schüler und potenzielle Auszubildende. Der Bayerische Flüchtlingsrat hat bei diesem Flug bisher von drei Afghanen Kenntnis, die in psychiatrischer Behandlung waren, zwei hatten bereits Suizidversuche hinter sich. Bei einem weiteren stand eine wichtige Operation unmittelbar bevor, um einen voranschreitenden Verlust des Hörvermögens zu verhindern. Er ging bis zu seiner Verhaftung in die Berufsschule. Viele der abgeschobenen Afghanen hatten bereits Ausbildungsplätze, die ihnen jedoch nicht genehmigt wurden. Unter den Betroffenen war auch A. Mohammadi aus Marktoberdorf. Seit 3 Jahren lebte er als fester Bestandteil in der Gemeinde und war gut integriert. A. Mohammadi finanzierte sich selber, hatte eine eigene Wohnung und arbeitete insgesamt seit fast zwei Jahren in Festanstellung im dortigen Elektrobetrieb Staudacher. Der Betrieb kämpfte mit ihm zusammen vergeblich um eine Ausbildungserlaubnis. ‚Es ist ein menschliches Drama. A. war sehr beliebt bei unseren Mitarbeiterinnen und Mitarbeitern. Er ist für unseren täglichen Betriebsablauf enorm wichtig‘, erklärt seine Arbeitgeberin Sieglinde Staudacher.[23]

Schon wenige Monate vor diesem Flug war endgültig klar geworden, dass Deutschland keineswegs »nur« Straftäter oder – im offiziellen Jargon sogenannte – »Gefährder« und »Identitätsverweigerer« nach Afghanistan abschiebt. Der CDU-Innenpolitiker Armin Schuster nahm eine dahingehende Aussage zurück.[24] Aber selbst wenn sie gestimmt hätte: Warum stört es offenbar kaum jemanden in Deutschland, wenn Menschen, die sich strafbar gemacht haben, von denen Behörden glauben, sie könnten sich strafbar machen (»Gefährder«), oder die ihre Identität nicht preisgeben, weniger Schutzrechte haben als andere? Hatten wir nicht irgendwann gelernt, der Wert der Menschenrechte erweise sich gerade daran, dass der Rechtsstaat sie wirklich allen gewährt? Wie ist es mit einem Rechtsstaat vereinbar, einen Menschen, der auf der Flucht seine Papiere vernichtet hat, dafür mit Abschiebung in ein Land wie Afghanistan zu bestrafen? Und das, obwohl zum Beispiel Amnesty International klipp und klar feststellt, »dass Afghanistan kein sicheres Land ist, in das Menschen abgeschoben werden dürfen«?[25]

Es war übrigens eine führende deutsche Politikerin, die gefordert und durchgesetzt hatte, dass selbst die ohnehin schwache Einschränkung, die Abschiebungen nach Afghanistan nur in den oben genannten Fällen ermöglichte, wieder aufgehoben wurde: Angela Merkel.[26] Wer eine knallharte Flüchtlingsabwehr nach dem Muster der CSU befürwortet, mag die scheidende Kanzlerin dafür loben. Sie als Vorkämpferin für eine großzügigere Migrationspolitik zu preisen, geht aber – trotz ihres milderen und angenehmeren Tonfalls – an der Wirklichkeit vorbei. Die von CDU und CSU (mit Unterstützung durch den Koalitionspartner SPD) gemeinsam betriebene Politik hat längst das von Seehofer erwünschte Ergebnis erzielt: Der Streit über die »Obergrenze« von 200.000 Geflüchteten pro Jahr, in dem die CDU-Vorsitzende sich als Verfechterin einer liberaleren Migrationspolitik präsentiert hatte, erscheint im Rückblick als symbolisches Scheingefecht. 2017 beantragten noch genau 198.317 Neuankömmlinge in Deutschland Asyl.[27] Von Januar bis September 2018 waren es 124.405,[28] das sind hochgerechnet auf das ganze Jahr etwa 166.000. Es ist nicht bekannt, dass die »Flüchtlingskanzlerin« sich mit diesen »Erfolgen« der Flüchtlingsabwehr je unzufrieden gezeigt hätte.

Neoliberale Modernisierung

Der praktisch nur noch symbolische Streit über die Flüchtlinge ließ die politische Bilanz der Kanzlerin auf anderen Themengebieten weitgehend in Vergessenheit geraten. Wer nur die erregt ausgetauschten Hasstiraden und die Ergebenheitsadressen der Zeit seit dem Herbst 2015 verfolgte, hätte kaum glauben können, dass Angela Merkel noch wenige Jahre zuvor als weitgehend unangefochtene Lieblingspolitikerin der Deutschen dastand. Bei der Bundestagswahl 2013 führte sie die Unionsparteien zu einem fulminanten Wahlergebnis: 41,5 Prozent, ein Plus von 7,7 Punkten gegenüber 2009. Es mag erstaunen, wie schnell dann die Aura der Unanfechtbarkeit, die Merkel bis zum Herbst der Willkommenskultur besaß, verflog. Dabei hat die Zuwanderung, so verbissen sie auch diskutiert wurde, die deutsche Gesellschaft längst nicht so stark verändert wie andere Entscheidungen der Regierungen unter Merkel. Ein Blick auf einige große Linien ihrer Politik wird zeigen: Diese Kanzlerin hatte Deutschland schon längst geprägt, als die ersten Flüchtlinge kamen.

Zusammenfassend lässt sich sagen: Merkel ist weder eine Heldin noch eine Schurkin. Sie war und ist eine Politikerin, die es in 13 Jahren Kanzlerschaft auf entscheidenden Politikfeldern versäumt hat, den Zusammenhalt der Gesellschaft entschieden zu stärken und die Lage der Menschen im Land zu verbessern. Jedenfalls die Lage derjenigen, für die Politik da zu sein hätte, weil sie die Unterstützung des Staates brauchen. »Es war nicht alles schlecht«, um eine Plattitüde aus anderem Zusammenhang zu zitieren. Aber Angela Merkel hinterlässt dem Land viele – zu viele – Hypotheken. [29]

Diese weitgehend negative Bilanz ist nicht etwa handwerklicher Unfähigkeit geschuldet. Ganz im Gegenteil galt ja die CDU-Vorsitzende für lange Zeit und mit einigem Recht als Meisterin der politischen Strategie. Aber die weit verbreitete Behauptung, sie habe dabei immer unideologisch und ausschließlich machtorientiert gehandelt, hält einer genaueren Betrachtung nicht stand. Eher schon ist diese Fehleinschätzung ein Beleg dafür, wie tiefgreifend es Angela Merkel gelungen ist, ihr politisches Projekt in der öffentlichen Darstellung zu entpolitisieren, indem sie es als rein pragmatisch und damit »alternativlos« verkaufte. Als ebenso unsinnig erweist sich übrigens – trotz der auf manchen Feldern erreichten Modernisierungsschritte – die vor allem von innerparteilichen Gegnern verbreitete Parole von der »Sozialdemokratisierung« der CDU.

Diese beiden Kritikpunkte – reine Machtpolitik und »Sozialdemokratisierung« – sind allerdings auch nicht völlig unbegründet und hängen sogar eng miteinander zusammen: Die langjährige CDU-Vorsitzende hat ihrer Politik tatsächlich mehrmals »sozialdemokratische« Elemente beigefügt. Der Mindestlohn ist dafür das bekannteste Beispiel, auch wenn er in der Höhe und der Ausgestaltung unzureichend blieb.[30] Auch die abschlagsfreie Rente mit 63 nach 45 Berufsjahren wird gern genannt, und in der letzten Amtsperiode der Ära Merkel kamen noch Beschlüsse wie die längst überfällige Wiederherstellung der Beitragsparität zwischen Arbeitgebern und Arbeitnehmern in der Krankenversicherung oder das »Teilhabechancengesetz« hinzu. Es sieht Lohnzuschüsse von bis zu 100 Prozent und Weiterbildungen vor, mit denen Langzeitarbeitslose in reguläre Beschäftigung gebracht werden sollen. Das wurde auch von regierungskritischen Organisationen wie dem Paritätischen Wohlfahrtsverband trotz einiger Mängel begrüßt.[31] Es ist sicher richtig, wenn behauptet wird, Merkel habe diese Zugeständnisse an eine eher sozialdemokratische Politik aus reinem Machtkalkül gemacht. Aber vergessen wird dabei oft: Sie stehen gerade nicht für die Grundlinie der Merkel'schen Ideologie, sondern sie weichen von dieser Linie ab.

Allerdings hat selbst der Merkelismus seine fortschrittlichen Seiten. In 18 Jahren CDU-Vorsitz hat die erste Frau in diesem Amt ihrer Partei auch einiges an Modernisierung zugemutet. Wenn es darum ging, hoffnungslos veraltete politische Bastionen in der Gesellschaftspolitik zu räumen, griff sie zu. Vier Themen werden in diesem Zusammenhang immer wieder genannt: Familienpolitik, Aussetzung der Wehrpflicht, Atomausstieg und »Ehe für alle«.

Dass Frauen nicht an den Herd gehören, wusste Angela Merkel allein aufgrund ihrer eigenen DDR-Vergangenheit sicher schon länger als die meisten ihrer Parteifreunde in der männerdominierten CDU. Ganz sicher hat sie die Partei mit Projekten wie Kita-Ausbau und Elterngeld in eine Richtung getrieben, die zur heutigen Vielfalt an Lebensentwürfen und zum Gedanken der Gleichberechtigung von Frauen viel besser passt als die lange gepflegte »Papi schafft, Mutti kocht«-Nostalgie. Diesen Weg der Modernisierung zu gehen, fiel der Langzeit-Vorsitzenden allerdings umso leichter, als es auch im Interesse der Unternehmen lag: Ihnen konnte es nur recht sein, wenn der Staat dabei half, dass Frauen auf einem enger werdenden Arbeitsmarkt zur Verfügung stehen konnten. Wie gesagt: Ein Fortschritt war die Familienpolitik trotzdem – es muss ja nicht alles schlecht sein, was auch Unternehmen nutzt. Aber dass es das tat, hat es einer prinzipiell an den Interessen »der Wirtschaft« orientierten Kanzlerin sicher leichter gemacht, die entsprechende Politik zu forcieren.

Dass mit der Beibehaltung der Wehrpflicht eine weltweit einsetzbare und entsprechend qualifizierte Armee nicht aufzubauen sein würde, erkannte Merkel ebenfalls: Die Aussetzung des Zwangsdienstes 2011 war vom Standpunkt größtmöglicher individueller Freiheit aus betrachtet sicher ein Fortschritt. Aber sie war eben auch die logische Folge einer Strategie, die auf den Umbau der Bundeswehr von der Verteidigungs- zur Interventionsstreitkraft setzte. Es ist wohl kein Zufall, dass in der CDU die

Debatte über eine neue Form der Dienstpflicht im Sommer 2018 wieder aufkam:[32] Kurz zuvor war bekannt geworden, dass Verteidigungsministerin Ursula von der Leyen die Armee vor dem Hintergrund der Ukraine-Krise und der verschärften Konfrontation mit Russland wieder stärker auf die »Landesverteidigung« ausrichten wolle.[33]

Der Beschluss zum Atomausstieg im Jahr 2011 war sicher nicht nur Merkels eigenem Schock nach der nuklearen Katastrophe im japanischen Kraftwerk Fukushima geschuldet. »In Fukushima haben wir zur Kenntnis nehmen müssen, dass selbst in einem Hochtechnologieland wie Japan die Risiken der Kernenergie nicht sicher beherrscht werden können«, sagte sie drei Monate nach der Kernschmelze.[34] Das mag zwar ein begrüßenswerter persönlicher Lernerfolg gewesen sein, aber dass eine breite gesellschaftliche Bewegung und nicht zuletzt eine rot-grüne Bundesregierung die Unbeherrschbarkeit der Atomenergie lange vor ihr »zur Kenntnis genommen hatte«, erwähnte die Kanzlerin nicht. Vielmehr tat sie so, als habe das ganze Land (»wir«) die Gefahren so lange ignoriert wie sie, die noch ein halbes Jahr zuvor den rot-grünen Atomausstieg rückgängig gemacht hatte. Das war einerseits ein Affront gegenüber der Anti-Atom-Bewegung. Aber andererseits hatte Merkel offensichtlich etwas anderes nun endlich »zur Kenntnis genommen«: dass sie die profitable Atomindustrie und die Stromkonzerne nach dieser Katastrophe nicht länger gegen die Mehrheit der Bevölkerung verteidigen konnte,[35] wenn sie ihre Macht nicht gefährden wollte. An diesem Punkt könnte also der Vorwurf, sie habe als Kanzlerin Machtstrategien über persönliche Überzeugungen gestellt, als berechtigt gelten. Aber eine Kehrtwende aus Opportunismus ist immerhin besser als keine, wenn es der Sicherheit der Bevölkerung dient.

Ähnlich sieht es bei der »Ehe für alle« aus. Angela Merkel hatte sich, zur Freude des konservativen Lagers in der eigenen Partei, immer dagegen ausgesprochen. Nun aber machte sie mit einer scheinbar spontan hingeworfenen Bemerkung bei einer Talkrunde den Weg für die Reform frei: Die Sache gehe »eher in Richtung Gewissensentscheidung«,[36] sagte sie, und gemeint war: Der Bundestag solle ohne Fraktions- und Koalitionszwänge frei entscheiden. Dass das eine Mehrheit für die Gleichberechtigung von Schwulen und Lesben bedeuten würde, war klar, denn nicht nur SPD, Grüne und Linke waren dafür, sondern auch Teile der Unionsparteien.

In dem Wort von der »Gewissensentscheidung« drückte sich, nebenbei bemerkt, ein seltsames, wenn auch leider längst zur Regel gewordenes Verständnis von der Rolle der Abgeordneten aus. Sie sind bekanntlich laut Artikel 38 des Grundgesetzes »an Aufträge und Weisungen nicht gebunden und nur ihrem Gewissen unterworfen«.[37] Merkel eröffnete also einen Blick auf die davon abweichende Praxis des Fraktions- und Koalitionszwangs, als sie die eigentliche Regel der Gewissensfreiheit zur Ausnahme für dieses Thema erklärte. In der Sache jedenfalls war damit klar: Die Ehe für alle würde kommen.

Ob Merkels öffentliche Bemerkung allerdings wirklich so spontan fiel, wie viele glaubten, darf bezweifelt werden. So meldete die *Frankfurter Allgemeine*, die Kanzlerin habe vorher auch im CDU-Vorstand schon über eine Freigabe der Abstimmung gesprochen. Gut möglich, dass es dann schneller ging, als sie dachte: Schon Tage später stimmte der Bundestag der Reform zu. Die Kanzlerin stimmte dagegen. Aber sie hatte dafür gesorgt, dass ein Thema erledigt war, das die politischen Gegner ihr im Wahlkampf sicher vorgehalten hätten. Das belegt ein weiteres Mal, dass sie anders als die extreme Rechte nie geglaubt hat, emanzipatorische Entwicklungen per Gesetz unterbinden zu können.

Beispiele dieser Art zeigen, dass Angela Merkel ihrer Partei sowohl eine gewisse Anpassung an die Emanzipationsbewegungen innerhalb der Gesellschaft als auch »sozialdemokratische« Elemente in den Beschlüssen ihrer Regierung zumutete – mal aus Überzeugung, mal aus Kalkül. Aber was sagt das über die Gesamtbilanz aus?

Trotz all der Reformen im Einzelnen bleibt es dabei: Die Spaltung in der Gesellschaft wurde in der Ära Merkel nicht nachhaltig bekämpft, sondern sie hat sich ganz im Gegenteil sogar vertieft. Und das hat damit zu tun, dass Angela Merkel ihre Politik sehr wohl nach einem bestimmten ideologischen Muster ausgerichtet hat, von dem sie bei aller Geschmeidigkeit im Einzelfall nie abgerückt ist – auch wenn sie heute anders redet als im knallhart neoliberalen Wahlkampf 2005, der ihr trotz eines relativ schwachen Ergebnisses für die Unionsparteien erstmals die Kanzlerschaft sicherte.

Diese Ideologie hat Merkel in ihrem häufig zitierten Satz zur »marktkonformen Demokratie« durchaus treffend zusammengefasst. Die Äußerung fiel am 1. September 2011 bei einer Pressekonferenz mit dem portugiesischen Ministerpräsidenten Pedro Passos Coelho in Berlin. Die Kanzlerin war gefragt worden, ob sie um die Schlagkraft des Euro-»Rettungsschirms« fürchte, wenn die Parlamente der EU-Länder bei allen wichtigen Entscheidungen mitbestimmen könnten. Sie antwortete: »Wir leben ja in einer Demokratie und sind auch froh darüber. Das ist eine parlamentarische Demokratie. Deshalb ist das Budgetrecht ein Kernrecht des Parlaments. Insofern werden wir Wege finden, die parlamentarische Mitbestimmung so zu gestalten, dass sie trotzdem auch marktkonform ist, also dass sich auf den Märkten die entsprechenden Signale ergeben.«[38] Das bedeutet im Klartext: So »froh« die deutsche Regierungschefin ist, in einer Demokratie zu leben, so sehr ist diese Demokratie aus ihrer Sicht darauf auszurichten, dass sie beim Aussenden von Signalen an »die Märkte« nicht stört. Der Wille und das Interesse der Mehrheit haben sich im Zweifel »den Märkten« anzupassen.

Man darf davon ausgehen, dass Angela Merkel damit einer tiefen Überzeugung Ausdruck gegeben hat. Offensichtlich hat diese Kanzlerin ernsthaft geglaubt, es sei das Beste für das Land, wenn die Interessen des Kapitals so gut wie möglich gegen staatliche Steuerung und erst recht gegen die Umverteilung des Reichtums verteidigt werden. Wer Merkel weder mit Verehrung noch mit Hass betrachtet, sondern sie an den Ergebnissen ihrer Kanzlerschaft misst, stellt fest: Die »marktkonforme Demokratie« war von Anfang bis Ende das Leitbild ihrer Politik, und das hat die soziale und ökonomische Entwicklung des Landes entscheidend geprägt. Ohne den Einzelbeispielen im zweiten Teil des Buches vorzugreifen, seien hier die wichtigsten Elemente genannt:

- Im Zentrum des Merkelismus steht die Idee der »Wettbewerbs-fähigkeit«, von der sie seit Amtsantritt bei jeder Gelegenheit sprach. Vor allem, wenn es um Europa ging: »Jeder Staat des Euroraums steht in der Pflicht, für Stabilität zu sorgen und notwendige Reformen für seine Wettbewerbsfähigkeit zu ergreifen, und das gilt gerade in wirtschaftlich guten Zeiten.«[39] Das bedeutet erstens: Es sind die einzelnen Staaten, die sich in Konkurrenz zueinander wettbewerbsfähig zu halten haben, praktisch so, als wären sie Unternehmen. Mit anderen Worten: Europa hat zwar eine gemeinsame Währung, aber eine gemeinsame Wirtschafts- und Sozialpolitik, die eigentlich jeder Währungsraum braucht, hat es ausdrücklich nicht. Zweitens: »Stabilität« gilt dann als erreicht, wenn ein Land auf »den Märkten« wieder eigenständig Schulden machen kann.[40] Und was mit »Reformen« gemeint ist, lässt sich am Beispiel der Griechenland-Krise leicht erkennen. Hier wurden die Staats- und vor allem die Sozialausgaben so lange zusammengestrichen, bis das Land wieder als »kreditwürdig« galt. Die milliardenschweren »Hilfen« und »Rettungspakete« der EU (in Wahrheit ebenfalls Kredite) flossen zum überwiegenden Teil in die Stabilisierung der Banken. Der CSU-Politiker Manfred Weber, Spitzenkandidat der Konservativen bei der Europawahl 2019, drückte es so aus: »Wir sind sehr stabil als Staaten unterwegs. Wir haben auch viel an Reformen auf den Weg gebracht. Ich denke nur an Spanien, an Irland, an Portugal, auch Griechenland, die viel verändert haben, viele Reformen durchgeführt haben.«[41] Das Ergebnis werden Rentner, Niedriglohn-Bezieher oder Kranke in Griechenland noch lange spüren.
- Auch im eigenen Land hat die Kanzlerin Merkel dieser Idee von »Wettbewerbsfähigkeit« immer die Treue gehalten. Bereits ihr Vorgänger Gerhard Schröder hatte ja die »Agenda 2010« in die Welt gesetzt, die allerdings gemeinsam mit der Union – unter der CDU-Vorsitzenden Angela Merkel – be-

schlossen wurde. Der Idee dieser Agenda – Lohn- und Sozial-kosten niedrig zu halten, damit die (Export-)Wirtschaft mög-lichst billig produzieren kann – ist Angela Merkel immer treu geblieben. Hartz IV, die organisierte Demütigung von Arbeits-losen, ist weiter in Kraft – Sanktionen schon bei kleinen »Ver-fehlungen« inklusive.

■ Zwar ist die Beschäftigung hoch, aber der Niedriglohnsektor gedeiht,[42] und wer auf der Lohnskala ohnehin schon unten stand, hat von der glänzenden Lage der deutschen Wirtschaft in all den Merkel-Jahren nichts im Portemonnaie gespürt. Das gilt nicht etwa »nur« für die untersten 5 oder 10 Prozent, sondern für 40 Prozent aller Lohnabhängigen. So stellte das Deutsche Institut für Wirtschaftsforschung 2017 fest, »dass die Stunden-löhne nach der Finanzkrise real durchweg zugenommen haben und der Anstieg gleichmäßiger als früher verteilt war. Dennoch haben diese Steigerungen die Reallohnverluste in den unteren vier Dezilen aus den 15 Jahren zuvor nicht wettgemacht.«[43]

■ Als spektakulärstes Beispiel für die Politik der »Wettbewerbs-fähigkeit« im Wirtschaftsbereich kann der Umgang der »Kli-makanzlerin« mit der Automobilindustrie gelten. In der ge-samten Ära Merkel kämpfte die deutsche Regierung in Brüssel gegen eine konsequente Verschärfung von Abgas-Grenzwer-ten, zuletzt im Herbst 2015. Sie wolle die Autoindustrie nicht »überfordern«, hieß es, denn alles Weitere »birgt die Gefahr, dass wir die Automobilindustrie aus Europa vertreiben«.[44] Die Konzerne, die ihr eigenes Ende bisher bei jeder Neuregelung an die Wand gemalt hatten, hielten eine Minderung um 30 Prozent von 2020 bis 2030 für »machbar«, und genau das glaubte rein zufällig auch Angela Merkel. Das EU-Parlament und viele Mitgliedstaaten hatten sich für 40 Prozent einge-setzt, heraus kamen nach klassischer EU-Arithmetik 35 Pro-zent – nach Ansicht von Umweltschützern viel zu wenig.[45] Und auch auf die Belastung der Luft durch Diesel-Abgase hatte die Regierung Merkel eine Antwort: Sie erklärte die Einhaltung des europäisch festgeschriebenen Grenzwerts einfach per Ge-setz für »unverhältnismäßig«.[46]

■ Trotz der am Beispiel der Niedriglöhne erwähnten Spaltung zwischen Arm und Reich dachte die Kanzlerin gar nicht daran, hohe Vermögen und Einkommen stärker zu besteuern. »Die Reichen werden immer reicher«, titelte sogar das wirtschaftsnahe *Handelsblatt* und fuhr fort: »Dazu haben die Steuerreformen seit dem Jahr 2000 beigetragen, von denen vor allem Spitzeneinkommen profitierten.«[47] 2000, das war das Jahr, in dem Angela Merkel CDU-Vorsitzende wurde, und in 13 der dann folgenden 18 Jahre war sie bekanntlich Bundeskanzlerin. Statt mehr Steuergerechtigkeit hinterlässt sie dem Land einen Mehrwertsteuersatz in der Rekordhöhe von 19 Prozent, der die Geringverdiener am meisten schmerzt, weil sie einen höheren Anteil ihres Einkommens für den Konsum ausgeben müssen.

■ Das Geld, das der Staat nicht zuletzt bei den ärmeren Schichten kassiert, landet viel zu selten in notwendigen öffentlichen Projekten. So fehlen beispielsweise ausreichende Investitionen in die Infrastruktur, die täglich an Substanz verliert – da sind sich so unterschiedliche Institutionen wie das Deutsche Institut für Wirtschaftsforschung und das Beratungsunternehmen EY einig.[48] Sie scheitern an der Verweigerung einer Steuerpolitik, welche die Spitzenverdiener und Vermögenden stärker heranziehen würde, und am Mantra der »schwarzen Null«, das kreditfinanzierte Investitionen fast unmöglich macht.

■ Bei den Sozialsystemen gibt es zwar immer wieder Reformen (siehe die erwähnte Beitragsparität in der Krankenversicherung), aber am Kern des Problems ändern sie nichts: Die Finanzierung von Leistungen aus Beiträgen, die auf Einkommen aus regulären, sozialversicherungspflichtigen Jobs erhoben werden, ist angesichts einer weitgehenden Ausdifferenzierung von Beschäftigungsformen nicht mehr zeitgemäß, und die höchsten Gehälter bleiben ebenso beitragsfrei wie Zinsen und Dividenden. Eine Bürgerversicherung, wie SPD, Grüne und Linke sie seit Langem im Auge haben, wäre bei Angela Merkel nie und nimmer durchzusetzen gewesen.

- Wohnungsnot und Immobilienspekulation treiben praktisch ungestört ihre Blüten, während der Bestand an gefördertem Wohnraum Jahr um Jahr zurückgegangen ist, weil die Politik dem sozialen Wohnungsbau faktisch ein Ende bereitet hatte.[49]
- Die Politik des »Freihandels«, für die Angela Merkel von Anfang bis Ende stand, hat nach wie vor verheerende Auswirkungen: Afrikanische Länder wie Ghana verlieren ihre »Wettbewerbsfähigkeit«, weil sie mit subventionierten Agrarprodukten aus der EU überschwemmt werden. So mancher Hühnerbauer, der infolgedessen pleite gegangen ist, landet dann als Flüchtling in Europa – oder ertrinkt im Mittelmeer.[50]
- Die deutsche Rüstungsindustrie hat auch in der Ära Merkel nie aufgehört, Waffen und Militärausstattung in Krisengebiete zu verkaufen. Zuletzt ließ sich Angela Merkels CDU nur darauf ein, Lieferungen für Beteiligte am Krieg im Jemen auszuschließen, zu denen vor allem Saudi-Arabien gehört. So stand es im Koalitionsvertrag mit der SPD, aber selbst daran hielt sich die Regierung nicht, wie der *Spiegel* im September 2018 enthüllte. Nach Informationen des Nachrichtenmagazins »versucht die Koalition seit Monaten, eine klare Definition zu erstellen, in welche der am Jemen-Krieg beteiligten Nationen man tatsächlich keine Rüstungsgüter mehr liefern will. Die Union drängt auf eine eher weiche Linie, da man die deutsche Industrie schonen will.«[51] Vorsitzende der CDU war damals noch Angela Merkel. Nicht wegen des Krieges im Jemen, sondern erst als der saudische Journalist Jamal Khashoggi offenbar im Auftrag des Regimes ermordet worden war, stoppte Berlin die Waffenlieferungen an das Land – vorübergehend.[52]
- Noch ein Wort zur Außenpolitik: Hier bewegten sich die diversen Merkel-Regierungen immer im Spannungsfeld zwischen einer Annäherung an Russland, wie Teile der SPD sie anstreben, und der aggressiven Politik vieler Nato-Partner. Hier kann man Angela Merkel sicher nicht vorwerfen, sich als führende Kriegstreiberin betätigt zu haben. Aber letzten Endes beteiligte sich Deutschland immer wieder an konfrontativen Handlungen wie etwa der dauerhaften Stationierung von

Nato-Truppen im Baltikum, die nur durch einen Trick kaschiert wird: »Damit die Aktion nicht als dauerhafte Militärpräsenz gewertet werden kann, tauscht die Nato die Truppen alle sechs Monate aus«, berichtete *Spiegel Online*.[53]

Die Liste ließe sich verlängern. Und dass fast immer Sozialdemokraten mitgespielt haben, ändert an der Verantwortung der scheidenden deutschen Bundeskanzlerin nichts.

Dass heute viel von Spaltung in der Gesellschaft die Rede ist, hat mit all diesen Elementen der Merkel'schen Politik zu tun, und zwar im doppelten Sinne: Zum einen ist die materielle Kluft nicht nur zwischen den Armen und den Reichen, sondern auch zwischen den Reichen und der Mittelschicht gewachsen. Zum anderen haben die großen Koalitionen und der Mangel an politischen Alternativ-Entwürfen einen erheblichen Beitrag zu der Eliten-Verachtung geleistet, die nicht zuletzt der AfD in die Hände spielt: Dem Argument, die seien ja ohnehin alle gleich, ist nicht mehr ganz so leicht zu widersprechen. Hier liegt eine Gefahr für die Demokratie, an der auch Angela Merkel Mitschuld trägt.

Kritik ja, Veränderung nein

Man kann nicht gerade behaupten, dass Merkels CDU und ihr sozialdemokratischer Koalitionspartner das verstanden hätten. Im Herbst 2018, nachdem Union und SPD bei den Landtagswahlen in Bayern und Hessen schwere Verluste erlitten hatten, bestanden sie auf einer geradezu zynischen Betrachtungsweise. Auf allen Kanälen taten sie weiter so, als führten sie in Berlin die beste aller denkbaren Regierungen – nur dass die Leute es wegen interner Streitereien nicht bemerkten: »Es liegt mit Sicherheit auch am Erscheinungsbild der Großen Koalition. Sie leistet durchaus gute Arbeit, aber sie überdeckt diese Erfolge allzu häufig mit Streit und mit einem schlechten Erscheinungsbild«, sagte Annegret Kramp-Karrenbauer, die zu diesem Zeitpunkt noch

CDU-Generalsekretärin war.[54] Etwas milder formulierten es die SPD-Vorsitzende Andrea Nahles und ihr Generalsekretär Lars Klingbeil in einer Analyse zu den Landtagswahlen: »Die SPD steht zur Regierung, aber das Regieren muss auch im Vordergrund stehen. (…) Bis zur Halbzeitbilanz werden wir unsere Gestaltungsmöglichkeiten in der Bundesregierung nutzen, um diese Regierung zu einer erfolgreichen zu machen.«[55]

Die Koalitionsparteien merkten offenbar gar nicht, welche Wählerverachtung in diesen Aussagen steckt. Die Verluste von Union und SPD waren nämlich keineswegs nur dem »Erscheinungsbild« geschuldet, sondern der – nach verbreiteter Meinung – gar nicht so »guten Arbeit« der gar nicht so großen Koalition. Es waren offensichtlich die oben geschilderten Fehler und Versäumnisse, die zur Erosion der ehemaligen Volksparteien beitrugen, und eben nicht nur ihr »Erscheinungsbild«.

Schon kurz vor den massiven CDU-Verlusten bei der Landtagswahl in Hessen, die den letzten Anlass zu Merkels Rückzugs-Entscheidung gaben, ermittelte das Wahlforschungsinstitut Infratest dimap eine massive Unzufriedenheit mit der Arbeit der Bundesregierung: 76 Prozent der Befragten waren »unzufrieden« oder »sehr unzufrieden«, und lediglich 23 Prozent bezeichneten sich als »zufrieden«.[56] Die Zahl der »sehr Zufriedenen« lag also nur bei einem Prozent. Das ist nicht viel mehr als der Anteil der CDU-Mitglieder an den Wählerinnen und Wählern zur Bundestagswahl 2017.[57] In engem Zusammenhang mit diesen Befunden stehen die Ergebnisse des Meinungsforschungsinstituts INSA, denen zufolge der Wunsch, Merkel möge das Amt der Kanzlerin aufgeben, in der Bevölkerung recht verbreitet ist: Dass sie – wie von ihr selbst angestrebt – bis 2021 bleiben solle, befürwortete nur eine knappe Mehrheit von 45 zu 41 Prozent. Und diese Mehrheit kam nur durch die Anhänger der CDU/CSU zustande, die sich zu 80 Prozent klar für einen Verbleib aussprachen. Bei den Sympathisanten aller anderen Parteien war die Mehrheit dagegen.[58] Die Zahlen sind so deutlich, dass sie trotz berechtigter Kritik am Geschäft der Demoskopen und am medialen Umfragen-Hype als ausreichend relevant gelten dürfen.

Es liegt auf der Hand, dass die Mehrheit der Unzufriedenen nur zum kleineren Teil der rechten »Merkel muss weg«-Fraktion angehört, denn ihre Zahl reicht über die Zustimmung zur AfD weit hinaus. Die Kritik, die sich in Umfragen zeigt, hat offensichtlich sehr viel sachlichere Gründe, als große Teile der Politik und der Publizistik es uns weiszumachen versuchen: Beim Umgang mit dem Dieselskandal, bei der Klima-, der Wohnungs-, der Renten- und Sozialpolitik liegt der Anteil der Unzufriedenen zwischen knapp 70 und 90 Prozent.[59] Auch die Flüchtlings- und Asylpolitik stößt auf 69 Prozent Unzufriedene. Darunter sind sicher viele, die ähnlich wie die AfD am liebsten niemanden ins Land lassen würden. Aber die hohe Zahl der Skeptiker schließt zum einen auch linke Kritiker an Merkels letztlich restriktiver Flüchtlingspolitik ein, und zum anderen ist die Migrationsfrage beileibe nicht mehr das alles beherrschende Thema, als das sie in der Öffentlichkeit manchmal erscheint.

An dieser sachlichen Kritik der Wählerinnen und Wähler gehen die Ablenkungsversuche der ehemaligen Volksparteien offensichtlich vorbei. Diese Kanzlerin mag wegen ihrer integren Ausstrahlung immer noch Sympathien genießen. Aber zugleich erscheint sie offensichtlich vielen Bürgerinnen und Bürgern schlicht als Politikerin, die drängende Probleme nicht lösen kann oder will.

Allerdings: Trotz verbreiteter Skepsis in der Sache zeigen fast alle Wahlen der jüngsten Vergangenheit: Einschneidende Veränderungen, so gut sie dem Land auch täten, wollen die Menschen dann doch nicht. Nur ganz rechts, wo die AfD auf dem Boden von Anti-Modernismus und Fremdenhass gediehen ist, findet sich eine Abkehr von der Merkel'schen »Mitte«. Im demokratischen Lager der Wählerschaft dagegen scheint der berechtigten Beanstandung ihrer Politik kein Wunsch nach dem Beschreiten neuer Wege zu folgen. Linke Mehrheiten, die das »Weiter so« der großen Koalition in Berlin ablösen könnten, sind weit und breit nicht in Sicht.

Stattdessen enden Wahlen wie die zum hessischen Landtag am 28. Oktober 2018 in einer zunehmenden Aufsplitterung der politischen Landschaft. Nur mit Mühe bringen die Parteien der »Mitte« noch Mehrheiten zustande. Für die ehemals klassischen Zweier-Konstellationen zwischen je einer großen und einer kleineren Partei reicht es nur noch selten, und selbst »große« Koalitionen aus CDU und SPD sind oft nur noch ganz knapp oder gar nicht mehr möglich.[60] Dreierbündnisse über die alten Grenzen der politischen Lager hinweg – also etwa die »Ampel« (SPD, Grüne, FDP) oder »Jamaika« (CDU, Grüne, FDP) – geraten zunehmend in Mode, seit nach der SPD auch die Grünen es aufgegeben haben, sich strategisch vom neoliberal-konservativen Lager abzugrenzen.

Es liegt auf der Hand, dass solche Koalitionen – ob »groß« oder »bunt« – zwar die bestehenden Verhältnisse verwalten und kleine Reformschritte unternehmen können, so wie die »Groko« im Bund. Aber mehr eben auch nicht. Zumindest SPD und Grüne verzichten damit faktisch auf die Möglichkeit, für linke Alternativen zum »Weiter so« des Merkelismus zu kämpfen – falls sie überhaupt noch den Wunsch danach verspüren. Es ist durchaus richtig, dass die Wählerinnen und Wähler rot-grüne oder auch rot-rot-grüne Mehrheiten derzeit offenbar nicht wollen. Aber wer sagt, dass sich das nicht ändern könnte, wenn die jeweiligen Parteien ihre Strategie auf eine echte politische Wende ausrichten würden, statt sich bis zur Verwechselbarkeit mit CDU, CSU und FDP in der »Mitte« zu kuscheln? Wer sagt, dass die Mehrheit nicht für eine erkennbare Alternative zu den Versäumnissen der herrschenden Politik stimmen würde – wenn sie denn nur existierte?

Sicher, das erscheint im Moment fast utopisch. Und tatsächlich ist es auch rechnerisch noch schwieriger geworden, seit die AfD sich in den Parlamenten etabliert hat. Allerdings stellt diese Situation ein zumindest teilweise selbstverschuldetes Dilemma dar: Erst liefern die etablierten Parteien durch ihr Zusammenrücken im Reich der angeblichen »Alternativlosigkeit« die Munition für den Vorwurf von rechts, im »Establishment« seien sowieso alle gleich. Und wenn dann die AfD davon profitiert, reagieren sie wiederum mit genau dem gleichen Fehler und schließen sich noch enger zusammen. Dass es geradezu ihre demokratische Pflicht wäre, innerhalb des demokratischen Spektrums, aber links vom Merkelismus eine glaubwürdige und mehrheitsfähige Alternative aufzubauen, haben SPD, Grüne und auch die Linkspartei offensichtlich nicht verstanden.

Natürlich ist es gut, wenn möglichst breite demokratische Bündnisse sich den Provokateuren von ganz rechts entgegenstellen, etwa bei Demonstrationen. Aber etwas ganz anderes ist es, wenn sie sich unter den komplizierteren Bedingungen in den Parlamenten auf Biegen und Brechen miteinander verbünden, um nur irgendwie Mehrheitsregierungen gegen die AfD zustande zu bringen. Nicht nur an der »großen« Koalition, sondern an Bündnissen wie dem schwarz-grünen lässt sich studieren, wie das entweder zu notdürftigen Kompromissen zwischen eigentlich unvereinbaren Positionen oder zu immer neuen Anlässen für Streitigkeiten führt – oder, wie im Bund, zu beidem. Um das klarzustellen: Nichts gegen Kompromisse, die wird und muss es in jeder Regierung geben. Zu weit gehen sie dann, wenn Parteien, die sich laut ihrer eigenen Programmatik bei den wichtigsten Themen gegenseitig widersprechen, nun Seit' an Seit' auf den Trampelpfaden der »Mitte« wandeln. Es täte dem Land und der Demokratie sehr gut, wenn die Öffentlichkeit wieder deutlich zwischen einem rechten und einem linken Lager unterscheiden – und entscheiden – könnte.

Um nicht missverstanden zu werden: Das bedeutet nicht, dass die Unionsparteien demnächst mit den Rechts-Nationalisten koalieren sollten, um ihre Zugehörigkeit zum rechten Lager deutlich zu machen. Entsprechende Forderungen sind ja in der CDU hier und da schon laut geworden. So verweigerte der gerade neu gewählte Fraktionsvorsitzende im sächsischen Landtag, Christian Hartmann, ausdrücklich ein »Nein« zu einem solchen Bündnis: »Das werden Sie von mir jetzt in der Form auch nicht hören«, sagte er und fügte eine erstaunliche Begründung an: »Das gebietet schon der Respekt vor den Wählerinnen und Wählern, die in diesem Land am 1. September 2019 entscheiden.«[61] Mit anderen Worten: Die Regierungsbildung mit einer Partei wie der

AfD nicht auszuschließen, wird hier als demokratische Pflicht verkauft – wobei die wahre Verpflichtung einer Partei, auf ihren inhaltlichen Überzeugungen zu beharren, die eine solche Zusammenarbeit unmöglich machen würden, außer Acht gelassen wird.

Natürlich machte Hartmann deutlich, dass er Koalitionen mit der AfD nicht ausschließt, aber auch nicht anstrebt. Aber die von ihm genannte Alternative lief auf genau die Art von »Gemeinsamkeit der Demokraten« hinaus, welche die Unterscheidbarkeit der Parteien und damit den fruchtbaren Streit über alternative Politikkonzepte gefährdet: »Wir sollten uns darauf konzentrieren, wie wir mit eigenem Profil, mit eigenen Themen, auch mit der SPD gemeinsam die Wählerinnen und Wähler davon überzeugen, dass es keiner Alternativen bedarf.«[62] Die große Koalition als Heimat der Alternativlosigkeit: Das ist genau der Stoff, aus dem sich die »Alle-gegen-einen«-Parolen der AfD so einfach fertigen lassen. Und es hat schon etwas Abenteuerliches, alle möglichen Koalitionen mit »Respekt vor den Wählerinnen und Wählern« zu begründen. Das war bei der Wiederauflage der »großen« Koalition geschehen, die praktisch zur Staatsbürgerpflicht erhoben wurde, und nun argumentierte also Hartmann auf gleiche Weise für mögliche Bündnisse mit der AfD.

Was Hartmann unterschlägt: Auch diesseits der AfD ist genug Platz für ein gemäßigt rechtes Lager, das nach dem jetzigen Stand der Dinge aus Union und FDP bestehen würde oder in einem Land wie Bayern auch aus den Freien Wählern, mit denen die CSU ja jetzt tatsächlich koaliert. Und auf der anderen, der linken Seite gilt: Wenn sich die SPD wieder sozialdemokratisch profilieren würde; wenn die Grünen die guten Ansätze von Robert Habeck im sozialen Bereich ausbauen und sich als Teil einer echten Alternative zum konservativen Post-Merkelismus verstehen würden; und wenn die Linkspartei ihren gefährlichen Streit über Internationalisten und Links-Nationale im Sinne der weltoffenen linken Traditionen entscheiden würde – dann wären womöglich die Zeiten vorbei, in denen sich die AfD als einzige »Alternative« verkaufen kann.

All dem laufen Überlegungen über Koalitionen der CDU und der AfD zuwider. Unter Angela Merkel waren sie einer kleinen Minderheit in der Partei vorbehalten. Allerdings wurde die Forderung, die Union solle in absehbarer Zeit mit der AfD koalieren, interessanterweise auch von linken Publizisten erhoben. Sie setzten darauf, dass ein Zusammenschluss der konservativen bis extrem rechten Kräfte den vermeintlichen Zwang zu »großen« oder »bunten« Koalitionen überwinden und damit der Linken eine Neuorientierung ermöglichen würde. Jakob Augstein, Publizist und Verleger der Wochenzeitung *der Freitag*, formulierte es im Oktober 2018 so:

Wenn annähernd 20 Prozent der Wähler einer Partei ihre Stimme geben, muss sich das in der Politik niederschlagen. Wie realistisch solche Gedankenspiele sind, wird sich zeigen. Aus progressiver Sicht hätte ihre Verwirklichung einen entscheidenden Vorteil: Das linke Lager könnte endlich den zunehmend halsbrecherischen Spagat zwischen dem eigenen Anspruch und der politischen Realität aufgeben und zu sich selbst finden. Der pathologische Zwang, nach rechts zu schielen, hat Linken, Sozialdemokraten und Grünen lange genug den Kopf verdreht. Eine befreite Linke könnte sich endlich daran machen, gemeinsam um eine neue, bessere, gerechtere Politik zu werben.[63]

Die Parallele zum rechten CDU-Politiker Christian Hartmann ist offensichtlich: Auch Augstein scheint seine Forderung, dass sich die Wahlerfolge der AfD »in der Politik niederschlagen« müssten, mit einer Regierungsbeteiligung der Rechtsextremen gleichzusetzen – ein durchaus fragwürdiges Verständnis von Rolle, Bedeutung und Einfluss der Opposition in einer parlamentarischen Demokratie.

Augstein war immerhin souverän genug, wenig später im eigenen Blatt prominente Kritiker seiner Position zu Wort kommen zu lassen. Die Wiener Philosophin Isolde Charim schrieb: »Es geht um Machtverhältnisse. AfD in einer Regierung hieße Anerkennung ihrer Position, hieße Normalisierung ihres Diskurses und es hieße nicht zuletzt Zuwachs an Geld, Einfluss, Posten. Also ein Vorschub für jene Art des gesellschaftlichen Umbaus, für den sie angetreten sind.« Und der ehemalige griechische Finanzminister Yanis Varoufakis nannte Augsteins Idee »naiv«. Er habe, so Varoufakis, beim Amtsantritt Margaret Thatchers 1979 gehofft, dass ihre marktradikale Politik den Widerstand der Linken nur stärken könne.»Doch statt Empörung wuchs Akzeptanz. (…) Sich die AfD in der Regierung zu wünschen, in der Hoffnung, ungebremster Rassismus könnte Progressive bei SPD, Linken und Grünen vereinen, ist so naiv, wie ich es 1979 war. Aber unendlich gefährlicher. Thatcher war keine professionelle Rassistin. Die AfD ist es. Wir haben kein Recht auf Gedankenexperimente, in denen AfD-Minister Salvini empfangen. Wir müssen dagegen kämpfen.«[64]

Auf der parlamentarischen Ebene hätte dieser Kampf spätestens 2013 beginnen können, als AfD und FDP noch knapp an der Fünf-Prozent-Hürde scheiterten. Damals flüchtete sich die SPD zum zweiten Mal nach 2005 in eine Koalition mit der Union und rettete damit Angela Merkel die Kanzlerschaft – obwohl es im Parlament eine rot-rot-grüne Mehrheit der Sitze gab. Der Einwand, der Versuch einer rot-rot-grünen Regierungsbildung wäre am übermächtigen rechten Flügel der SPD gescheitert, ist sicher berechtigt. Aber auch dies ist ja der Tatsache geschuldet, dass die Sozialdemokratie seit dem Verlust des Kanzleramts an Merkel im Jahr 2005 keinen dauerhaften Versuch unternommen hatte, sich als führende Kraft einer linken Alternative zu Merkel zu profilieren.

Im Jahr 2017 dann, nach Merkels letzter Bundestagswahl als Kanzlerkandidatin, war auch die rechnerische Mehrheit für Rot-Rot-Grün verspielt. Aber selbst dann hätte es für die SPD auch nach dem Scheitern der Jamaika-Gespräche eine Alternative zum erneuten Eintritt in die Regierung gegeben: Die Sozialdemokraten hätten sich schlicht verweigern können. Angela Merkel wäre auch ohne deren Stimmen im dritten Wahlgang mit relativer Mehrheit wiedergewählt worden, dann eben als Kanzlerin einer Minderheitsregierung, entweder in einer Koalition (etwa mit der FDP) oder als Alleinregierung der Unionsparteien. Die Mehrheiten für einzelne Projekte hätte sie sich dann jeweils bei den Oppositionsparteien suchen müssen. Und sie hätte dabei immer wieder vor der Entscheidung gestanden, zusammen mit der AfD Forderungen der SPD, der Grünen oder der Linken abzulehnen – oder eben mit diesen Parteien Kompromisse auszuhandeln. Die Verhandlungsmacht der Sozialdemokraten wäre in dieser Situation sicher nicht kleiner gewesen als in einer gemeinsamen Regierung, und die Chancen, sich doch noch für die Zukunft auf alternative Mehrheiten links von der Union vorbereiten zu können, hätten ebenfalls viel besser gestanden als in der »Groko«.

Wäre die Union zur Minderheitsregierung nicht bereit gewesen, hätte es natürlich Neuwahlen mit dem Risiko eines noch größeren Verlusts an Stimmen für SPD und eines entsprechenden Zuwachses für die AfD gegeben. Aber dieses Risiko wäre abzuwägen gewesen gegen die mindestens ebenso großen Gefahren, die der jetzige Zustand birgt: Wohl nichts erhöht die Chancen der AfD und verringert die Aussichten für die SPD so sehr wie der quälende Spagat zwischen Koalitionstreue und Erneuerungsbedarf.

Die deutsche Unsitte, Minderheitsregierungen für die Vorhölle des totalen Chaos zu halten, setzt sich übrigens in den Landtagen fort. Auch das führt zu immer krampfhafteren Versuchen, auf Biegen und Brechen irgendwelche Mehrheits-Koalitionen zustande zu bringen, unabhängig von inhaltlichen Schnittmengen. Ganz sicher würde es den Parlamentarismus beleben, wenn nicht mehr Koalitionsräson den Ausschlag bei Abstimmungen gäbe, sondern der öffentlich ausgehandelte Kompromiss.

So erlebt der Parlamentarismus eine seltsame Mischung aus neuer Unübersichtlichkeit und politischem Stillstand. Dass diese Mischung keine Zufriedenheit im Wahlvolk hervorbringt, scheint, wie oben erwähnt, demoskopisch belegt zu sein. Aber das Fehlen glaubwürdiger Alternativmodelle scheint auch zu einem Festhalten am Gewohnten zu führen: Merkels Aura als vermeintliche Stabilitätsgarantin war offenbar selbst nach ihrer Abschiedsankündigung noch nicht ganz aufgebraucht. Die von der politischen Konkurrenz geduldete, wenn nicht mitbeförderte Erzählung von der »Alternativlosigkeit« ihrer Politik passte hervorragend zu dem Image einer Art »Präsidialkanzlerin«, das sie sich in all den Jahren aufgebaut hatte. Sicher waren längst Risse in diesem Bild sichtbar, seit ausgerechnet die kurze Rückkehr zur Humanität in der Flüchtlingsfrage im Herbst 2015 Merkels rechte Gegner zum wütenden Protest ermutigt hatte. Aber noch schien es, als zögen große Teile der Wählerschaft trotz berechtigter Kritik in der Sache das »Weiter so« dem Wagnis einer politischen Wende vor. Einer Wende zumal, deren politische Konturen vollkommen undeutlich waren.

Der bereits erwähnte Jakob Augstein lag diesmal wohl richtig, als er Anfang November 2018 schrieb: »Es klammert sich nicht nur die Kanzlerin an ihr Amt – es klammern sich auch viele Deutsche an die Kanzlerin. Und das ist schlimmer. Es ist ein bisschen so, als seien Merkels Wähler so lange mit dem Dogma von der Alternativlosigkeit beschallt worden, dass es bei ihnen zu gleichsam hirnorganischen Veränderungen gekommen ist: Die Leute können sich eine Welt ohne Merkel gar nicht mehr vorstellen. Eine merkellose Welt macht ihnen Angst.«[65]

Nun mag die Formulierung »gleichsam hirnorganische Veränderungen« einem gewissen Hang zur Überspitzung entsprungen sein. Aber davon einmal abgesehen, kann man Augstein durchaus zustimmen: Auf der einen Seite ist die Unzufriedenheit mit Händen greif- und an den Wahlergebnissen ablesbar. Aber auf der anderen Seite sind Merkels persönliche Beliebtheitswerte immer noch besser als diejenigen der Regierung: Im Oktober 2018 waren 44 Prozent mit ihrer Arbeit zufrieden.[66]

Das hat sicher nicht zuletzt mit persönlichen Eigenschaften der Langzeit-Kanzlerin zu tun. Vergleicht man sie nur mit wütenden Testosteron-Bomben wie Donald Trump, Alexander Gauland oder Horst Seehofer oder nimmt man deren Anhänger im Internet und auf der Straße zum Maßstab, dann ist das Bedauern über den Verlust einer Person wie dieser Kanzlerin nachvollziehbar. Zu den positiven Merkmalen ihrer Kanzlerschaft gehört ohne Zweifel das sachliche, bei aller Entschiedenheit in der Form bescheidene Auftreten der Physikerin mit der rasanten politischen Karriere. Und sicher ist ihr gutzuschreiben, dass sie demokratische Regeln und Verfahren zumindest nicht offen infrage stellt. Vielleicht sind es gerade deshalb Frauen aus dem eher liberalen Lager, die – wie anfangs zitiert – das absehbare Karriereende der Angela Merkel bedauern.

Ja, Stil und Habitus sind in der Politik von Bedeutung. Und verständlich ist auch die Sorge, dass Schlimmeres nachzukommen droht. Aber ergibt sich daraus schon eine durchweg positive Bilanz? Wie sieht das Deutschland aus, das Angela Merkel hinterlässt? Wie hat es sich entwickelt, seit sie 2005 die Bundestagswahl gegen Gerhard Schröders SPD gewann? Betrachtet man die harten Fakten, besteht weder Anlass zu vorauseilender Nostalgie für die Ära Merkel noch gar zur Begeisterung. Jedenfalls dann nicht, wenn man die Kriterien einer auf Gerechtigkeit nach innen und außen, auf humanitäre Verantwortung und möglichst friedliche Konfliktlösung ausgerichteten Politik anlegt. Tut man das, fällt die Bilanz der Ära Merkel zu großen Teilen negativ aus. Einige Beispiele sind in diesem Kapitel schon angedeutet worden, weitere folgen auf den nächsten Seiten.

Arbeit und Arbeitslosigkeit

Als Angela Merkel Kanzlerin wurde, war Hartz IV gerade eingeführt worden. In ihrem ersten vollständigen Amtsjahr, 2006,
meldete die Statistik knapp 5,3 Millionen erwerbsfähige[1] Menschen, die vom neuen »Arbeitslosengeld II« leben mussten. Im
Jahr 2017 waren es nur noch gut 4,2 Millionen, und im Oktober
2018 meldete die Bundesagentur einen Rückgang auf ziemlich
genau 4 Millionen, also 7,4 Prozent der Gesamtbevölkerung im
erwerbsfähigen Alter.[2] Insgesamt – Kinder, Kranke und Behin-
derte eingeschlossen – gab es zu diesem Zeitpunkt noch gut
5,7 Millionen »Leistungsberechtigte« in etwas mehr als 3 Millionen »Bedarfsgemeinschaften«. Das waren 9,1 Prozent der Haushalte in Deutschland.

Arbeitslos ist von den Hartz-IV-Empfängern allerdings nur
eine Minderheit: Im Jahr 2017 waren es knapp 1,7 Millionen,
Tendenz sinkend. Der Rest benötigte trotz Erwerbstätigkeit
Hilfe. Das Arbeitslosengeld I, das sich am früheren Lohn orientiert und nur für eine begrenzte Zeit gezahlt wird, bezogen bei
Merkels Amtsantritt 2005 gut 1,7 Millionen Menschen, im Jahr
2017 waren es nur noch 855.000. Insgesamt hatte sich die offizielle Arbeitslosenzahl zwischen 2006 und 2017 von annähernd
4,9 Millionen auf gut 2,5 Millionen fast halbiert. Auch die ehr-
lichere Zahl, die sogenannte Unterbeschäftigung (sie schließt
Menschen in Fördermaßnahmen ein), ging deutlich zurück:
Von 6,1 Millionen im Jahr 2005 auf etwa 3,5 Millionen im Jahr
2017. Die Zahl der sozialversicherungspflichtig Beschäftigten
erreichte 2017 ein Rekordhoch von knapp 32,2 Millionen Menschen, während es 2005 noch 26,3 Millionen waren.[3] Und bei

den Erwerbstätigen insgesamt verkündete die Kanzlerin im November 2018 persönlich ein Allzeithoch: »Wir haben über 45 Millionen Erwerbstätige.«[4]

Alles gut also am Arbeitsmarkt? Bei oberflächlicher Betrachtung schon, und natürlich ist es gut, wenn möglichst viele Menschen einen Job haben, von dem sie leben können. Aber da fangen die Probleme schon an. Der genauere Blick zeigt: Der Boom hat eine ganze Menge Schattenseiten, von denen die Regierenden nicht so gerne reden.

So gibt es in Deutschland mitten in der Hochkonjunktur etwa 1,1 Millionen »Aufstocker«, also Beschäftigte, die von ihrem Lohn nicht leben können und auf staatliche Unterstützung angewiesen sind. Zwar arbeiten längst nicht alle in Vollzeit, aber ausgerechnet bei denjenigen Beschäftigten, »die mehr als 1.200 Euro im Monat verdienen – weil sie etwa eine Vollzeitstelle haben –, ist die Zahl der Aufstocker sogar gestiegen«, hat das Deutsche Institut für Wirtschaftsforschung festgestellt: Nach einem Rückgang in den Jahren 2007 und 2008 auf 120.000 stieg sie zeitweise wieder auf mehr als 160.000 an und lag im ersten Quartal 2018 immer noch bei 157.000.[5] Auch der 2015 eingeführte Mindestlohn von zunächst 8,50 und dann 8,84 Euro hat an dieser Lage nichts geändert: Er ist offensichtlich in vielen Fällen – vor allem bei alleinverdienenden Eltern – schlicht zu niedrig, um die Existenz der Beschäftigten zu sichern. Dafür ist von den zahlreichen Warnungen, die Untergrenze würde reihenweise Unternehmen ruinieren, nichts mehr zu hören.

Erwerbsfähige, die von ALG II leben:
2006: 5,3 Millionen
2017: 4,2 Millionen

Offizielle Arbeitslosenzahl:
2006: 4,9 Millionen
2017: 2,5 Millionen

Sozialversicherungspflichtig Beschäftigte:
2005: 26,3 Millionen
2017: 32,2 Millionen

Aufstocker:
2007/2008: 120.000
2018: 157.000

Empfänger von Grundsicherung im Alter und bei Erwerbsminderung:
2006: 680.000
2017: 1 Million

Nebenbei bemerkt: Die erwähnten Statistiken geben das Ausmaß des Phänomens »Arm trotz Arbeit« aller Wahrscheinlichkeit nach nur unvollständig wieder. »Viele Menschen in Deutschland verdienen so wenig, dass sie eigentlich Anspruch auf ergänzende Grundsicherung hätten. Es wird jedoch vermutet, dass nur ein Drittel bis die Hälfte der Menschen, die trotz Arbeit einen Anspruch hätten, diesen auch geltend machen. Alle anderen verzichten lieber auf das Geld, als in ein System aus Gängelung, Pflichten, Bürokratie und Sanktionen hineinzugeraten«, schrieb der Grünen-Vorsitzende Robert Habeck, als er im Herbst 2018 seine bemerkenswerten Ideen für ein neues Konzept der Grundsicherung präsentierte. Die Zahl dieser Menschen werde auf ein bis zwei Millionen geschätzt – »plus deren Kinder«.[6] Und da wir schon bei unvollständigen Statistiken sind: Wer an seinem 59. Geburtstag Hartz IV bezieht und seit mindestens einem Jahr kein Jobangebot erhalten hat, wird nach einer Gesetzesänderung aus dem Jahr 2011 einfach nicht mehr mitgezählt.[7] Das betraf im Jahr 160.000 Menschen,[8] die real arbeitslos waren, aber aus der Statistik verschwanden.

Ob Aufstocker oder Niedrigstverdiener, die nicht einmal den vollen Umfang ihrer Rechte in Anspruch nehmen – sie sind nur der prägnanteste Ausdruck einer beschämenden Tatsache: Das reichste Land des Kontinents leistet sich einen Niedriglohnsektor, der »mittlerweile zu den größten in Europa« gehört, wie der Deutsche Gewerkschaftsbund berichtet: Jede und jeder fünfte Beschäftigte liegt unter der offiziellen Niedriglohnschwelle von zwei Dritteln des mittleren Einkommens.[9] Das liegt sicher nicht nur an der von Gerhard Schröder umgesetzten Agenda 2010, der Niedriglohnsektor wuchs auch schon davor. Aber dass er sich derart verfestigen könnte, »hat politische Gründe wie die Hartz-Reformen, mit denen der Arbeitsmarkt dereguliert wurde und die einen erheblichen wirtschaftlichen Druck auf Arbeitslose ausüben«.[10]

Insgesamt ist die Zahl derjenigen, die auf »Leistungen der sozialen Mindestsicherung« angewiesen sind, von 2007 bis 2017 um gerade einmal sechs Prozent gesunken: von gut 8,1 auf

7,6 Millionen.[11] Zur sozialen Mindestsicherung zählen neben den Leistungen für Arbeitssuchende auch sonstige Hilfen zum Lebensunterhalt wie zum Beispiel die Grundsicherung im Alter und die Unterstützung von Asylbewerberinnen und -bewerbern. Übrigens: Es ist richtig, dass Migration zu diesem Ergebnis einen Teil beigetragen hat.[12] Aber ganz sicher sind die Flüchtlinge nicht auch noch daran schuld, dass die Zahl, der Menschen, die im Alter, wegen Erwerbsminderung oder aus anderen Gründen von Sozialhilfe abhängig sind, in der Ära Merkel um mehr als 35 Prozent zugenommen hat: von knapp 682 000 auf gut eine Million Personen.[13]

Es sollte nicht unerwähnt bleiben, dass in Merkels letzter Amtsperiode als Kanzlerin Bewegung in die Debatte über die Arbeitsmarktpolitik kam. Der Grünen-Vorsitzende Robert Habeck legte das bereits erwähnte Konzept für eine »Garantie-Sicherung« vor, die Hartz IV ablösen soll. Und auch der SPD dämmerte nach ihren erneuten Wahlniederlagen in Bayern und Hessen, dass sie an diesem System nicht würde festhalten können. Die Vorsitzende Andrea Nahles verkündete: »Wir werden Hartz IV hinter uns lassen.«[14] Kurz danach präsentierte sie erste Ansätze, die allerdings über ein höheres »Schonvermögen« und weniger Sanktionen für »unkooperative« Hartz-IV-Empfänger nicht sehr weit hinausgingen. Immerhin forderte sie – wie Habeck – eine eigenständige Grundsicherung für Kinder und staatlich geförderte Arbeitsmöglichkeiten für Langzeitarbeitslose.[15] Schon diese wenigen Punkte stießen allerdings sofort auch auf Widerstand in der eigenen Partei, zum Beispiel bei Nahles' Vorgänger Sigmar Gabriel, der zwar einige Mängel einräumte, aber die Einführung von Hartz IV im Jahr 2005 unverdrossen als »große Leistung« lobte.[16]

In der Praxis konnte die große Koalition dann immerhin einen Schritt zur Linderung des Problems der Langzeitarbeitslosigkeit ankündigen: Mit insgesamt vier Milliarden Euro, verteilt auf vier Jahre, sollten zusätzliche, reguläre Jobs für etwa 150 000 Langzeitarbeitslose geschaffen werden.[17] Ein Projekt, das die Forderung vieler Kritiker nach öffentlich geförderter Beschäftigung wenigstens in Teilen erfüllte.[18] Aber klar war: Einen echten Umbau der Arbeitsmarktpolitik würde es mit einer Kanzlerin wie Angela Merkel nicht geben.

So viel zum Umgang mit denjenigen, die mitten im Reichtum ohne staatliche Unterstützung nicht auskommen können. Aber der Beschäftigungsboom hat noch eine weitere Schattenseite, von der Angela Merkel nie gern geredet hat: Die Verteilung der Einkommen aus Arbeit ist während ihrer Kanzlerschaft um keinen Deut gerechter geworden. Eher im Gegenteil: Das Deutsche Institut für Wirtschaftsforschung verglich fast zwölf Jahre nach Merkels Amtsantritt die Entwicklung der Reallöhne in zehn gleich großen Einkommensgruppen (»Dezilen«). Die Forscher stellten zusammenfassend fest, »dass die Stundenlöhne nach der Finanzkrise real durchweg zugenommen haben und der Anstieg gleichmäßiger als früher verteilt war. Dennoch haben diese Steigerungen die Reallohnverluste in den unteren vier Dezilen aus den 15 Jahren zuvor nicht wettgemacht.«[19] In den 20 Jahren von 1995 bis 2015, die im Fokus der Forscher lagen, stieg beispielsweise der Reallohn des obersten Zehntels um durchschnittlich 0,4 Prozent pro Jahr, beim untersten Zehntel sank er um 0,6 Prozent. Es stimmt, dass sich die Schere etwa ab 2010 nicht weiter öffnete – unter anderem auch wegen des Mindestlohns. Aber es bleibt dabei: Für die untersten 40 Prozent der arbeitenden Menschen besteht das Erbe der Ära Merkel darin, dass sie am Ende real, also nach Abzug der Inflationsrate, keinen Cent mehr in der Tasche haben als davor, sondern weniger.

Deutschland ist also, auch was den Lohn für Arbeit betrifft, in Angela Merkels Amtszeit ungerechter geworden. Wie sagte doch ihr Vorgänger Gerhard Schröder schon 2005 beim Weltwirtschaftsforum in Davos: »Wir haben einen funktionierenden Niedriglohnsektor aufgebaut.«[20] Insofern war ihm die Frau, die schon als Oppositionsführerin die Agenda 2010 mit auf den Weg gebracht hatte, von Anfang an eine würdige Nachfolgerin.

Bildung

Als Angela Merkel noch in der Uckermark zur Schule ging, erfanden die 68er in der Bundesrepublik einen Slogan: »In der Rüstung sind sie fix, für die Bildung tun sie nix.« Fünf Jahrzehnte später kann festgehalten werden, dass der erste Teil der Parole immer noch zutrifft – jedenfalls, wenn es ums Geldausgeben geht.[1] Aber kann man der zur gesamtdeutschen Kanzlerin aufgestiegenen Physikerin auch vorwerfen, sie habe für die Bildung nichts getan? Das nicht. Aber auch hier wird sich wieder zeigen: An vielen Stellen ist es zu wenig – erst recht, wenn es um die Verteilung von Chancen geht.

Im Juni 2008 rief Merkel ihre eigene Parole aus: »Wir müssen die Bildungsrepublik Deutschland werden.«[2] Tatsächlich zeigt der erste Blick auf die Zahlen zumindest zwei positive Entwicklungen: In der Kinderbetreuung und an den Hochschulen hat sich eine Menge getan. Die Zahl der Kitas ist zwischen 2006 und 2016 von 48652 auf 55293 gestiegen, die Zahl der dort betreuten Vorschulkinder von knapp 3 auf fast 3,5 Millionen. Noch stärker nahm im gleichen Zeitraum die Zahl der Studierenden zu: von knapp 2 auf 2,8 Millionen. 585 Hochschulen gibt es jetzt in Deutschland, 486 waren es im Jahr 2006.[3] Die öffentlichen Ausgaben von Bund, Ländern und Gemeinden für Bildung sind, gemessen an der Wirtschaftsleistung, in der Ära Merkel erkennbar gestiegen: von 3,8 Prozent des Bruttoinlandsprodukts (BIP) im Jahr 2005 auf etwa 4,1 Prozent im Jahr 2016.[4] In absoluten Zahlen: Von 86,7 auf 128,4 Milliarden Euro, im Jahr 2017 sogar auf 134,8 Milliarden.[5] Und 2018 kam dann auch noch ein Milliardenpaket für die Digitalisierung der deutschen Schulen hinzu.[6]

So viel zur Erfolgsbilanz. Aber wie sieht es aus, wenn man die Verteilung der Bildungschancen betrachtet? Und wie, wenn man die Lage in Deutschland mit anderen Staaten vergleicht? Die Organisation für wirtschaftliche Zusammenarbeit und Entwicklung (OECD), in der ausschließlich Industrieländer zusammengeschlossen sind, vergleicht jedes Jahr die Lage der Bildung in ihren Mitglieds- und Partnerstaaten. Die entsprechende Grafik im aktuellsten Bericht zeigt Deutschland mit seinen 4,2 Prozent des BIP (Daten von 2015) auf dem 28. Platz von 37 untersuchten Ländern. Spitzenreiter Norwegen gab 6,4 Prozent seiner Wirtschaftsleistung aus, der OECD-Durchschnitt lag bei 5 Prozent.[7]

Was nun die Verteilung der Bildungschancen betrifft, stellen einerseits auch Kritiker wie Andreas Schleicher Verbesserungen fest. In den vergangenen Jahren habe sich »viel getan«, sagte der Leiter des Direktorats Bildung bei der OECD im Herbst 2018. »Man muss sagen, im Jahr 2000 waren die Ergebnisse hier noch deutlich problematischer, die sozialen Ungleichheiten deutlich größer. Gerade im Bereich der sozial benachteiligten Familien hat sich Deutschland verbessert.«[8] Aber den Spitzenplatz, den es in der Wirtschaft einnimmt, hat das Land in der Bildung noch lange nicht erreicht. Die »sozialen Disparitäten«, so Schleicher, seien in Deutschland trotz Fortschritten »immer noch leicht größer als das Mittelfeld«. Zwischen Kindern aus dem reichsten und dem ärmsten Viertel bestehe ein Leistungsabstand von dreieinhalb Jahren, während sich in Ländern wie Kanada oder Estland die sozial schwächsten 20 Prozent der Schüler »immer noch mit dem durchschnittlichen Schüler in Deutschland messen« könnten.

Als die OECD die Ergebnisse ihres Jahresberichts für Deutschland präsentierte, titelte die Tagesschau treffend: »Bildung bleibt eine Frage der Herkunft«.[9] Und die Autoren selbst legten eher eine Mängelliste als eine Erfolgsbilanz vor:

In Deutschland nimmt heute ein deutlich höherer Anteil der unter 3-Jährigen an frühkindlicher Bildung, Betreuung und Erziehung teil als noch vor zehn Jahren. Doch auch hier spielt der Bildungsstand der Eltern eine große Rolle. Wenn die Mutter einen höheren Bildungsabschluss hat, liegt die Betreuungsquote bei 49 Prozent, bei Müttern ohne Tertiärbildung liegt sie nur bei 37 Prozent. Gleichzeitig nehmen Kinder aus benachteiligten Verhältnissen seltener weiterführende Bildungsangebote in Anspruch. Jugendliche, deren Eltern über keinen höheren Bildungsabschluss verfügen, entscheiden sich häufiger für eine Berufsausbildung als für allgemeinbildende Bildungsgänge und beenden diese Programme mit geringerer Wahrscheinlichkeit. Dies wiederum wirkt sich auf ihre

Zahl der Kitas/Betreute Kinder:
2006: 48.652 /2,9 **Millionen**
2016: 55.293 /3,5 **Millionen**

Zahl der Hochschulen/
Eingeschriebene:
2006: 486/1,9 **Millionen**
2016: 585/2,8 **Millionen**

Ausgaben Bildung:
2005: 3,8 **(% BIP) /** 86,7 **Mrd €**
2016: 4,1 **(% BIP) /** 128,4 **Mrd €**

spätere Teilnahme an der Hochschulbildung aus, wo der Anteil der Studienanfänger mit Eltern ohne höheren Bildungsabschluss gering ist.[10]

Von den Schülerinnen und Schülern, deren Eltern einen Hochschulabschluss haben, besuchten 76 Prozent auch nach dem 15. Geburtstag noch eine allgemeinbildende Schule, waren also in der Regel auf dem Weg zum Abitur. Wenn die Eltern keinen Hochschulabschluss hatten, gingen nur 54 Prozent der Kinder ab 15 Jahren noch in eine allgemeinbildende Schule.[11] Die OECD fasste zusammen: »Der berufliche und soziale Status der Eltern bleibt der wichtigste Faktor, der die Teilnahme an Bildung sowie wirtschaftlichen und sozialen Erfolg beeinflusst.«[12]

Die Forderung nach Schulen, die die potenziell Schwächsten am stärksten fördern und nicht schon Zehnjährige in den einen oder anderen Bildungsgang sortieren, gab es auch schon vor der Kanzlerin Angela Merkel, und sie werden dort, wo das

OECD-Platzierung: 28/37
Norwegen Platz 1 mit:
6,4 % **BIP)**

Betreuungsquote:
Mutter mit
Hochschulabschluss: 49%
Mutter ohne
Hochschulabschluss: 37%

Kinder, die nach dem
15. Geburtstag noch
zur Schule gehen:
Eltern mit Studium: 76%
Eltern ohne Studium: 54%

längere gemeinsame Lernen nicht stattfindet, immer wieder laut – gegen den erbitterten Widerstand der CDU.[13] Und immer noch gilt: Wer in Deutschland in die »falsche« Familie geboren wird, hat auch später im Leben die geringsten Chancen. Auch daran ist Merkel nicht alleine schuld. Aber grundlegend geändert hat es sich während ihrer Kanzlerschaft nicht.

Frauen und Familie

»Wir werden das Ziel weiter verfolgen, das Prinzip ›gleicher Lohn für gleiche und gleichwertige Arbeit‹ (...) zu verwirklichen.«[1] So stand es schon 2005 in Angela Merkels erstem Koalitionsvertrag, und im Jahr 2009 bekräftigte das Bundesfamilienministerium, die Lohnlücke zwischen Männern und Frauen sei »ein Kernindikator fortbestehender gesellschaftlicher Ungleichbehandlungen von Frauen im Erwerbsleben. In dieser einen Messgröße – dem Verhältnis der Bruttostundenlöhne von Frauen und Männern – verdichten sich (fast) alle Facetten der Probleme, mit denen Frauen im Erwerbsleben weiter konfrontiert werden.«[2] Mit anderen Worten: Merkels Regierungen hatten verstanden, dass die schlechtere Einkommenssituation von Frauen ein zentrales Hindernis für die Gleichstellung der Geschlechter ist. Und man nahm sich vor, daran etwas zu ändern.

Und wie sieht das Ergebnis aus? Im ersten vollen Amtsjahr der Kanzlerin, 2006, lag der »Gender Pay Gap«, wie der Einkommensunterschied international genannt wird, bei 21 Prozent. Zwölf Jahre später, 2017, hatte sich die Lücke um einen einzigen Prozentpunkt verkleinert und betrug 20 Prozent.[3] Im Vergleich der EU-Staaten nahm Deutschland bei der jüngsten Erhebung von 2014 mit 21,6 Prozent den viertschlechtesten Platz ein. Der EU-Durchschnitt lag bei 16,1 Prozent.[4]

Es gibt einige Methoden, um dieses Armutszeugnis der Gender-Politik zu relativieren. So ist häufig auch vom »bereinigten Gender Pay Gap«

Verdienstunterschied Geschlechter:

Deutschland 21,6 %

EU-Durchschnitt: 16,1 %

die Rede, der Unterschiede zwischen den Geschlechtern etwa bei der Arbeitszeit unberücksichtigt lässt und faktisch die Entlohnung pro Arbeitsstunde vergleicht. Er liegt deutlich niedriger und ist von 2006 bis 2014 (neuere Ergebnisse liegen nicht vor) von 8 auf 6 Prozent gesunken.[5] Aber ob die bereinigte Version die Mängel bei der Gleichstellung der Geschlechter realistischer abbildet, ist höchst fraglich. So hängt zum Beispiel der hohe Anteil der Frauen, die in Teilzeit arbeiten, offensichtlich damit zusammen, dass sie sich immer noch deutlich stärker um unbezahlte »Care-Tätigkeiten« wie Haushalt und Pflege kümmern: Sie leisten 52,4 Prozent mehr »Sorgearbeit« als die Männer.[6]

Dass sich der Unterschied in den Erwerbsbiografien dramatisch auswirken kann, zeigt sich spätestens im Rentenalter: »Frauen beziehen deutlich geringere Renten als Männer. Sie erhielten 2015 im Durchschnitt um 53 Prozent niedrigere eigenständige Alterssicherungsleistungen als Männer (Gender Pension Gap)«, erläutert der Gleichstellungsbericht der Bundesregierung. Weiter heißt es dort: »Der Gender Pension Gap zeigt die Auswirkungen der geschlechterstereotypen Arbeitsteilung bei der Orientierung des Alterssicherungssystems allein auf Erwerbsarbeit.«[7] Dieser Hinweis stellt ein Plädoyer für den Abschied vom hergebrachten System der Rentenfinanzierung dar, um die meist weibliche Armut im Alter zu überwinden. In der Ära Merkel war davon allerdings nichts zu bemerken.

Nun ist es nicht so, dass in der Amtszeit der Kanzlerin auf diesem Feld gar nichts geschehen wäre. Vor allem für die Vereinbarkeit von Familie und Beruf hat sich vielmehr einiges getan. Das Familienministerium bilanziert:

Um der Lohnlücke entgegenzuwirken, hat die Bundesregierung bereits Maßnahmen auf den Weg gebracht. Von der Einführung des allgemeinen gesetzlichen Mindestlohns profitieren mehrheitlich Frauen in niedrig entlohnten Dienstleistungsbereichen und in geringfügiger Beschäftigung. Mit dem Ausbau der Kinderbetreuung, dem Elterngeld und dem Elterngeld-Plus sowie mit der Verbesserung der Familienpflegezeit werden Anreize für weniger und kürzere familienbedingte Erwerbsunterbrechungen und eine rasche Rückkehr in den Beruf geschaffen. (...) Das Gesetz für die gleichberechtigte Teilhabe von Frauen und Männern an Führungspositionen in der Privatwirtschaft und im öffentlichen Dienst hat eine Geschlechterquote in Aufsichtsräten eingeführt und verpflichtet große Unternehmen zu verbindlichen Zielgrößen.[8]

Vor allem bei der Kleinkindbetreuung hat es erhebliche Fortschritte gegeben: Besuchten im Jahr 2006 noch 253 894 Kinder bis zum Alter von drei Jahren eine Tageseinrichtung, hatte sich diese Zahl bis zum März 2018 auf mehr als das Zweieinhalbfache auf 665 302 erhöht.[9]

Allerdings: Wenn es um eindeutige Vorgaben für Unternehmen ging, traten Angela Merkel und die Mehrheit innerhalb der CDU ganz im Sinne ihrer wirtschaftsfreundlichen Grundeinstellung auf die Bremse. Das zeigt sich am Thema Frauenquote besonders deutlich. Zwar ist seit 2015 ein Frauenanteil von 30 Prozent für die Aufsichtsräte der größten Unternehmen gesetzlich festgeschrieben,[10] aber für die Vorstände gilt das nicht. Dort lag der Anteil der Frauen kurz vor Beginn von Merkels letzter Amtszeit in den 200 umsatzstärksten Firmen bei 8 Prozent.[11] Und schon 2015 war eine EU-weite Regelung, die für Aufsichtsräte eine Quote von 40 Prozent vorsah, unter anderem am Widerstand der deutschen Kanzlerin gescheitert.[12]

Als vorerst letzter Vorstoß der großen Koalition in Sachen Gleichstellung trat im Juli 2017 das »Gesetz zur Förderung der Transparenz von Entgeltstrukturen« in Kraft. Zentraler Punkt: Unternehmen mit mehr als 200 Mitarbeiterinnen und Mitarbeitern müssen ihren Beschäftigten auf deren Anforderung hin erläutern, wie ihre Bezahlung im Vergleich zu Kolleginnen und Kollegen mit gleicher oder gleichwertiger Tätigkeit zustande kommt.[13] An der Wirksamkeit dieser Regelung bestehen allerdings erhebliche Zweifel: »60 Prozent der Frauen haben davon überhaupt nichts. Und auch die übrigen 40 Prozent können bestenfalls erfahren, ob sie fair bezahlt werden«, merkten die Grünen an. Und deren Forderung, ein Verbandsklagerecht einzuführen, »damit Frauen nicht weiterhin auf den schwierigen individuellen Klageweg verwiesen werden«, ließ die große Koalition unberücksichtigt.[14]

In der *Süddeutschen Zeitung* bilanzierte Cerstin Gammelin: »Dass Merkel die Geschlechterfrage nicht wirklich umtreibt, zeigt sich am Streit um die Frauenquote für Firmen. (…) Gemacht wurde, was nicht zu vermeiden war.«[15] Und insgesamt zeigt sich nach mehr als 13 Jahren Kanzlerschaft: Angela Merkel hat das Leben vieler Frauen erleichtert, was die Vereinbarkeit von Familie und Beruf betrifft. Wenn es aber darum ging, der Gleichstellung Vorrang vor den Interessen der Wirtschaft zu geben, fand ihr frauenpolitisches Engagement ein Ende.

Gesundheit

Was kostet Gesundheit? Seit Neuestem ist die Frage einfach zu beantworten: Im Jahr 2017 überschritten die Ausgaben erstmals den Wert von einer Milliarde Euro – pro Tag. Das Statistische Bundesamt schätzte sie für die gesamten zwölf Monate auf 374,2 Milliarden Euro. Das waren pro Einwohner 4 330 Euro.[1] Im Jahr 2005, als Angela Merkel ihr Amt als Bundeskanzlerin antrat, waren es noch 239,4 Milliarden gewesen, 2 900 Euro pro Einwohner.[2] Das ist eine Steigerung um mehr als 50 Prozent. Aber auch gemessen an der Wirtschaftsleistung, also am Bruttoinlandsprodukt, ist der Anteil der Gesundheitskosten in dieser Zeit gestiegen: Von 10,4 auf 11,3 Prozent. Das bedeutet ein reales Plus von 8,7 Prozent. Und fleißig war die Regierung Merkel auch: Eine Übersicht des Bundesgesundheitsministeriums listet allein für die vorletzte Legislaturperiode der Kanzlerin (2013 bis 2017) 49 neue Gesetze und Verordnungen auf.[3]

Woher kommt das Geld für diesen riesigen Gesundheitsapparat? Die Antwort: Stärker als je zuvor wurden die Arbeitnehmerinnen und Arbeitnehmer zur Kasse gebeten. Schon die rot-grüne Bundesregierung hatte zum 1. Juli 2005 eine der wichtigsten Errungenschaften des Sozialstaats abgeschafft: die paritätische Finanzierung der Kosten durch Arbeitgeber und Arbeitnehmer. Von diesem Zeitpunkt an mussten die Beschäftigten einen Zusatzbeitrag entrichten, und die damalige CDU-Vorsitzende Angela Merkel, gerade als Kanzlerkandidatin mit dem noch ungerechteren Konzept der »Gesundheitsprämie« unterwegs, hatte ganz sicher nichts dagegen. Sie setzte zwar die »Gesundheitsprämie«[4] nie durch, behielt aber die ungleiche Belastung bei den Beiträgen über 13 Jahre bei. Erst in den Koalitionsverhandlungen 2018 erreichte die SPD die Rückkehr zur Parität ab dem 1. Januar 2019.[5] Was bei Arbeitnehmerinnen und Arbeitnehmern bis dahin zusätzlich abkassiert wurde, lässt sich an der offiziellen Finanzierungsübersicht über das Gesundheitswesen leicht ablesen: Im Jahr von Angela Merkels Amtsantritt, also 2005, trug die Arbeitnehmerseite etwa 53,5 Milliarden Euro zum Gesundheitsbudget bei. Die Arbeitgeberseite bezahlte 55,4 Milliarden, also sogar fast 2 Milliarden mehr. Elf Jahre später mussten – bei einem insgesamt höheren Budget – die Beschäftigten 87,2 Milliarden Euro beisteuern, die Unternehmen aber nur 81,5 Milliarden. Arbeitnehmerinnen und Arbeitnehmer waren also allein im Jahr 2016 um 5,6 bis 5,7 Milliarden Euro ärmer geworden, als wenn die Parität gegolten hätte.[6] Und dass auch hier die Lasten zwischen Begüterten und weniger Begüterten ungerecht verteilt sind, kommt noch hinzu: Durch die Beitragsbemessungsgrenze müssen Spitzenverdiener von ihrem Einkommen einen geringeren Prozentsatz abgeben als andere.

Aber hat sich der ganze Aufwand wenigstens gelohnt? Sind die Deutschen jetzt besser versorgt, wenn es um Gesundheit und Pflege geht? Diese Fragen lassen sich natürlich in einem kurzen Kapitel nicht umfassend und vollständig beantworten. Positiv kann sicher angemerkt werden, dass die Deutschen sich mehrheitlich ziemlich gesund und munter fühlen: 80 Prozent sollen einer Umfrage zufolge dem Satz »Ich fühle mich rundum wohl« vollständig oder teilweise zugestimmt haben.[7] Es gibt keinen Grund, sich darüber nicht zu freuen. Aber es gibt auch keinen Grund, die angesichts einer guten Wirtschafts- und Gefühlslage erstaunlichen Schattenseiten zu verschweigen. Hier nur einige wenige Stichpunkte: Krankenhäuser, Kindergesundheit und Pflege.

Im Jahr 2005 gab es in Deutschland insgesamt 2139 Kliniken. Davon gehörten 751 dem Staat, inklusive Kommunen, 818 wurden von freien, aber gemeinnützigen Trägern geführt, also zum Beispiel von den Kirchen, der Arbeiterwohlfahrt oder dem

Deutschen Roten Kreuz. In privater Hand befanden sich damals genau 570 Krankenhäuser.[8] Zwölf Jahre später war die Gesamtzahl der stationären Einrichtungen auf 1942 gesunken. Davon gehörten der öffentlichen Hand noch 560 Häuser, also 191 weniger. Die gemeinnützigen Träger hatten noch 662 Einrichtungen, ein Minus von 156. Nur die Privatunternehmen konnten ihren Anteil um 150 Krankenhäuser auf insgesamt 720 erhöhen.[9] Das heißt: Im Laufe von Angela Merkels Amtszeit ist die stationäre Behandlung immer stärker auf profitorientierte Unternehmen übergegangen.

Anzahl und Trägerschaft deutscher Krankenhäuser:

2005
Gesamt: 2139
staatlich: 751
gemeinnützig: 818
privat: 570

2017
Gesamt: 1942
staatlich: 560
gemeinnützig: 662
privat: 720

Das passt zu der Entwicklung, die unter der rot-grünen Bundesregierung begonnen und unter Angela Merkels Kanzlerschaft fortgesetzt wurde. Sie ist maßgeblich durch den Umstand charakterisiert, dass ökonomische Überlegungen zunehmend die medizinischen Notwendigkeiten überlagern. Im Krankenhausbereich macht sich das an der Umstellung von Tagessätzen, die bis zur Jahrtausendwende galten, auf Fallpauschalen fest. Der Arzt und Publizist Bernd Hontschik hat die Folgen anschaulich beschrieben:

Es dauerte nicht lange, bis sich in den Krankenhäusern ein völlig veränderter Umgang mit den Erkrankten entwickelte, ja zwangsläufig entwickeln musste. Denn nur dasjenige Krankenhaus, das mit möglichst geringen Kosten in der Lage war, Kranke in möglichst kurzer Zeit abzufertigen, machte nun Gewinne; wer sich aber auf zeitraubende, empathische Medizin einließ, der machte Verluste. Unternehmensberater, eine bislang in Krankenhäusern völlig unbekannte Berufsgruppe, wuselten plötzlich in allen Krankenhäusern, in jeder Abteilung, auf jeder Station herum. Sie prüften, ob, wo und wie viel Personal gespart werden konnte. Die Frage war nicht: Was braucht der Kranke?, sondern: Was bringt er uns ein? Die Frage war nicht: Wie viele Ärzt*innen und Pfleger*innen werden für eine gute Medizin gebraucht?, sondern: Wie viele Stellen können wir streichen? Ärzt*innen und Pfleger*innen waren einem immer größer werdenden Arbeitsdruck gnadenlos ausgeliefert. Die Liegezeit hat sich inzwischen halbiert, die Zahl der Patient*innen ist um ein Fünftel gestiegen, gleichzeitig wurden 60 000 Stellen in der Pflege gestrichen. Viele Ärzt*innen und Pfleger*innen können so nicht mehr arbeiten, ohne selbst krank zu werden. Das fundamental Fatale an dem neuen Bezahlsystem war und ist die ökonomische Verknüpfung zwischen der medizinischen Tätigkeit und der Diagnose mit der Höhe der Bezahlung. Indem nun allein die Diagnose die Einnahmen des Krankenhauses generierte, wurde sie zum zentralen Zielobjekt der Ökonomen. Tausende von Kodierfachkräften und Medizincontrollern der Krankenhäuser kämpften fortan täglich mit Tausenden von Kodierfachkräften und Medizincontrollern der Krankenkassen um jeden Euro.[10]

Mit anderen Worten: Die Orte, an denen es um Gesundheit und Leben geht, sollten funktionieren wie eine Wurstfabrik. Kaum irgendwo hat die »Markt vor Staat«-Ideologie derart widersinnige Blüten getrieben wie im Krankenhaus.

Wenn es um die Gesundheit der Kinder geht, ist der Befund pauschal betrachtet positiv. 95,7 Prozent der Eltern schätzen den Zustand ihres Nachwuchses zwischen 3 und 17 Jahren als »gut« oder »sehr gut« ein, und zwar mit steigender Tendenz. Aber die Forscher des Robert-Koch-Instituts, die diese Daten ermittelt hatten, gaben gleichzeitig zu bedenken, »dass die Chancen für ein Aufwachsen in sehr guter oder guter Gesundheit nicht gleich verteilt sind«. Der Anteil der Eltern, die den allgemeinen Gesundheitszustand ihrer Kinder als »gut« oder »sehr gut« einstufen, sei »umso größer, je höher der Sozialstatus der jeweiligen Familie ist«.[11] Dass diese Tendenz auch etwas mit dem objektiven Gesundheitszustand der Kinder zu tun hat, lässt sich unter anderem am Beispiel psychischer Erkrankungen nachweisen: »Das Risiko für psychische Auffälligkeiten (…) ist bei Kindern und Jugendlichen mit niedrigem SES (Sozio-ökonomischem Status, Anm. d. A.) 3,5-mal höher als für Gleichaltrige mit hohem SES.«[12] Und eine Studie im Auftrag des Deutschen Gewerkschaftsbundes ergab, dass psychische Einschränkungen, die bei Kindern und Jugendlichen auch insgesamt zunehmen,[13] in Harz-

IV-Haushalten »weit überproportional diagnostiziert werden«.[14] DGB-Vorstandsmitglied Annelie Buntenbach fasste zusammen: »Die ›Nebenwirkungen‹ von Hartz IV – Armut, beengtes Wohnen, geringere Bildungschancen, weniger Teilhabe an der Gesellschaft – können die körperliche, geistige und emotionale Entwicklung von Kindern und Jugendlichen negativ beeinflussen.«[15] Das heißt: Selbst die Gesundheit des Menschen hängt vom Geldbeutel seiner Familie ab. Angela Merkels Regierungen haben daran nichts geändert.

In Sachen Pflege hat die Regierung in der letzten Amtszeit der Kanzlerin ein Gesetz zustande gebracht, das die akute Personalnot sowohl in Altenheimen als auch in Krankenhäusern verbessern soll. Es sieht unter anderem eine Untergrenze für die Ausstattung mit Pflegepersonal vor. Außerdem werden die Krankenkassen verpflichtet, für jede Aufstockung des Pflegepersonals in Kliniken zu bezahlen. In der Altenpflege sollen 13 000 neue Stellen geschaffen werden.[16] Das Vorhaben wurde zwar allgemein als erster Schritt in die richtige Richtung gewertet, geht aber nach Ansicht von Kritikern längst nicht weit genug. So waren zum Beispiel Ende 2018 schon von den vorhandenen Stellen in der Alten- und Krankenpflege mindestens 36 000 nicht besetzt, unter anderem wegen der bescheidenen Bezahlung. Aber nach gesetzlichen Eingriffen, um den Beruf attraktiver zu machen, suchte man in dem Gesetzespaket vergebens.[17] Es blieb also zunächst dabei, dass ausgerechnet der Sorge für kranke oder alte Menschen, einem entscheidenden Gradmesser für die Humanität einer Gesellschaft, aus vermeintlichen Sparzwängen die notwendige Wertschätzung verweigert wird.

An der oben geschilderten Schieflage bei der Finanzierung der Kranken- und der Pflegeversicherung – Stichwort: Vorteile für Spitzenverdiener durch die Beitragsbemessungsgrenze – wird sich auf absehbare Zeit nichts ändern. Und einschneidende Reformen wie etwa eine Bürgerversicherung, bei der alle Einkommensarten zur Finanzierung herangezogen werden, haben die CDU und ihre langjährige Vorsitzende immer abgelehnt.

Innere Sicherheit

In ihrer ersten Regierungserklärung griff Angela Merkel eine beliebte Formulierung auf: »Opferschutz geht vor Täterschutz.«[1] Diesem Satz wird kaum jemand widersprechen: Wer will schon einem Straftäter mehr Schutz gewähren als seinem Opfer? Aber es fällt schon auf, dass dieses Argument fast ausschließlich dann gebraucht wird, wenn es um die Begründung von härteren Strafen und andere Gesetzesverschärfungen geht. So auch bei Angela Merkel 2005: »Es ist ja klar, dass da welche mit den Köpfen schütteln. Trotzdem geht Opferschutz vor Täterschutz. Wir werden das ganz konsequent umsetzen. Deshalb werden wir auch die nachträgliche Sicherungsverwahrung gegen solche Jugendliche einführen, die wegen schwerster Gewalttaten verurteilt worden sind.«[2]

Nun lässt sich über einzelne Maßnahmen sicher streiten: Die gleich zu Beginn der ersten Merkel-Regierung beschlossene Sicherungsverwahrung für Jugendstraftäter hat der Europäische Gerichtshof für Menschenrechte zwar für rechtmäßig erklärt – aber nur, weil der fragliche Verurteilte »an sexuellem Sadismus leide und in Freiheit weitere Straftaten begehen könnte« sowie eine Therapie erhalte.[3] Schon an diesen Einschränkungen ist zu erkennen, dass auch ein Schwerverbrecher Rechte hat: Eine »Sicherungsverwahrung«, die in Wahrheit nichts anderes darstellen würde als eine Verlängerung der verhängten Strafe, würde gegen diese Rechte verstoßen.[4] Das ist auch der Grund, aus dem in Merkels Amtszeit die Sicherungsverwahrung vollkommen neu ausgerichtet werden musste, nachdem das Bundesverfassungsgericht das einfache »Wegsperren« für unrechtmäßig erklärt hatte.[5]

Der Satz »Opferschutz geht vor Täterschutz« mag also seine Gültigkeit haben. Aber wenn er missbraucht wird, um implizit die Schutzrechte von Menschen infrage zu stellen, die straffällig geworden sind, gleicht er einem Aufruf zur Schädigung des Rechtsstaats. Das gilt jedenfalls dann, wenn man der Überzeugung ist, dass der Rechtsstaat sich gerade dort als stark erweist, wo er in Zweifel gezogen wird, weil sein Tun dem »gesunden Menschenverstand« auf den ersten Blick widerstrebt. Artikel 1 des Grundgesetzes lautet nicht »Die Würde des Unschuldigen ist unantastbar«, sondern »Die Würde des Menschen ist unantastbar«. Natürlich dürfen Kriminellen auch Rechte entzogen werden – zum Beispiel die Freiheit –, aber eben nur unter klar geregelten und die Würde wahrenden Voraussetzungen.

Die neu gewählte Kanzlerin kündigte im November 2005 nicht nur die Sicherungsverwahrung für Jugendstraftäter an, sondern sie sagte auch: »Das Bundeskriminalamt wird zur Abwehr von Terrorgefahren Präventivbefugnisse erhalten.«[6] Das entsprechende Gesetz trat 2009 in Kraft, und nicht wenige Beobachter sahen es als zentrales Element einer »Zeitenwende« an. Polizeiarbeit sollte nun nicht mehr nur der Bekämpfung und Aufklärung von Straftaten dienen. Das BKA erhielt vielmehr – Merkels Ankündigung von 2005 folgend – Aufgaben und Möglichkeiten, wie sie eigentlich nur Geheimdiensten zustehen. Wolfgang Janisch schrieb in der *Süddeutschen Zeitung*: »Die lange Liste der neuen präventiven Befugnisse, mit deren Hilfe die auch personell gut ausgestattete Institution Terrorgefahren bereits im Vorfeld abwehren soll, klingt schon ziemlich nach Geheimdienst: Der Lausch- und Spähangriff in Wohnungen ist erlaubt, das Einschleusen von Trojanern auf die Festplatte, dazu Rasterfahndung, Telefonüberwachung, Observation.«[7] Die neue Gesetzeslage stellte einen direkten Angriff auf die Trennung von Polizei- und Geheimdienstarbeit dar, die in der Bundesrepublik nach den Erfahrungen aus der Zeit des Nazi-Regimes immer hochgehalten worden war. Und dass die nun erlaubten Maßnahmen auch unbescholtene Bürgerinnen und Bürger treffen könnten, ohne dass diese es überhaupt merkten, lag auf der Hand.

Das Bundesverfassungsgericht sah das ähnlich und erklärte im Jahr 2016 zwar nicht das ganze Gesetz, aber »etliche Einzelvorschriften« für »unverhältnismäßig«.[8] Die Bundesregierung musste also »nachbessern«, und im Mai 2018 trat daraufhin das neue, rechtsstaatlich kaum weniger fragwürdige Gesetz in Kraft. Nun kann die Polizei selbst gegen »Gefährder« – also gegen Personen, von denen sie nur vermutet, dass sie eventuell zu Straftätern werden könnten – schon mit Zwangsmitteln wie der Fußfessel vorgehen.[9] Was das bedeutet, mag die Normalbürgerin, den Normalbürger zunächst nicht interessieren. Das wird sich aber ändern, wenn er oder sie selbst vielleicht unverschuldet zum Opfer von Bespitzelung oder Schlimmerem wird.

So ist der Satz »Opferschutz geht vor Täterschutz« in der Ära Merkel noch stärker zum Synonym für »Sicherheit geht vor Freiheit« geworden, als das schon davor unter dem SPD-Innenminister Otto Schily der Fall gewesen war. Seit den Anschlägen vom 11. September 2001 sind nicht nur die Ausgaben für die Polizei erheblich gestiegen,[10] sondern es hat auch eine Vielzahl von Gesetzesverschärfungen und neuen Zuständigkeiten für die Sicherheitsbehörden gegeben, von diversen »Anti-Terror-Paketen« und »Abwehrzentren« bis hin zur Vorratsdatenspeicherung.[11]

Ausgaben für Polizei:

2005: 17,6 Mrd €

2017: 23,6 Mrd €

Allerdings: Bei den zwei wohl wichtigsten Mordtaten in Merkels Amtszeit erwiesen sich all diese Einschränkungen der Bürgerrechte als offensichtlich untauglich: Weder die Terrorserie des »Nationalsozialistischen Untergrunds« (NSU) noch den islamistischen Anschlag am Berliner Breitscheidplatz im Dezember 2016 haben sie verhindert. Ob aus Blindheit gegenüber der Gefahr von rechts, wie Kritiker in Sachen NSU vermuteten, oder aus Ignoranz: Trotz aller Warnsignale vermochten die aufgeblähten Apparate beides nicht zu verhindern. Anis Amri, der Attentäter von Berlin, scheint von Polizeispitzeln geradezu umzingelt gewesen zu sein,[12] und den Stand der Aufklärung beim Thema Rechtsterrorismus kommentierte die Linken-Politikerin

Petra Pau punktgenau wie folgt: »Es ist ein Treppenwitz, dass ausgerechnet die größten Versager und Blockierer in der gesamten NSU-Aufklärung, nämlich die Geheimdienste, jetzt auch noch aufgerüstet werden.« Und zum Versprechen der Bundeskanzlerin, die Taten rückhaltlos aufklären zu wollen, sagte sie: »Das ist nicht eingelöst, ganz im Gegenteil. Die Behörden, einschließlich der Innenminister, haben die Kanzlerin in den Meineid getrieben. Aber sie hat auch gar nichts dafür getan, dass diese Aufarbeitung stattfindet.«[13]

Angela Merkel stand, ihrem liberalen Image zum Trotz, von Anfang bis Ende eher für die Politik der symbolischen Aufrüstung als für den freiheitlichen Rechtsstaat. Ob das der beste Opferschutz ist, muss bezweifelt werden.

Internet

Das Zauberwort stand schon in Angela Merkels erstem Koalitionsvertrag vom 11. November 2005: »Breitband«. Im Kapitel »Clusterbildung und hochinnovative Leuchtturmprojekte« versprachen Union und SPD: »Die Koalitionsparteien werden zur Sicherung der Zukunft des Industrie- und Forschungsstandorts Deutschland Anreize für den Aufbau bzw. Ausbau moderner und breitbandiger Telekommunikationsnetze schaffen.«[1] Damit war das Thema erkannt: Ohne den Aufbau einer leistungsfähigen Infrastruktur für die Datenübertragung ist eine starke Wirtschaft und erfolgreiche Forschung im digitalen Zeitalter nicht denkbar. Deshalb hatte sich die Politik zwei Ziele gesetzt: eine Übertragungsrate von 50 Megabit pro Sekunde bis 2018, ein Gigabit pro Sekunde bis 2025.[2] Die Bilanz: Das erste Ziel haben Merkels Regierungen bereits verfehlt,[3] das andere ist schon jetzt praktisch nicht mehr zu erreichen.

Ziele der Bundesregierung:

Bis 2018: 50 Megabit/Sekunde

Bis 2025: 1 Gigabit/Sekunde

»Bis zum Jahr 2018 soll es in Deutschland eine flächendeckende Grundversorgung mit mindestens 50 Mbit/s geben«, schrieben Union und SPD 2013 in ihren Koalitionsvertrag, und auch die bereits aus dem Jahr 2005 bekannte Lyrik durfte nicht fehlen: »Schnelle und sichere Datennetze sind die Grundlage für Innovation, Wachstum

Budget Breitbandausbau:

Zur Verfügung: 3,5 Mrd

Abgeflossen: 26,6 Mio

und Beschäftigung in einer modernen Industrie- und Dienstleistungsgesellschaft.«[4] Als aber das angepeilte Jahr 2018 schon halb vergangen war, erfuhr die *Süddeutsche Zeitung*: Von den 3,5 Milliarden Euro, die für den Breitband-Ausbau in der 2013 begonnenen Legislaturperiode zur Verfügung standen, waren in fast fünf Jahren gerade 26,6 Millionen abgeflossen – deutlich weniger als ein Prozent. Deutschland liegt im weltweiten Ranking für den Breitbandausbau auf Platz 25. Und in der OECD-Rangliste für den Ausbau der schnellen Glasfaser-Kabel belegte die viertgrößte Volkswirtschaft der Welt Platz 28 von 32.[5]

Weltweites Ranking für Breitbandausbau: 25

OECD-Rangliste für den Ausbau von Glasfaser: 28/32

Im Sommer 2018 fasste der Kolumnist Sascha Lobo die Liste nicht gehaltener Versprechen so zusammen:

- 2009 versprach Angela Merkel in ihrem Video-Cast »flächendeckendes Breitband für alle bis 2010«. Es wurde 2010 wieder einkassiert.

- 2010 versprach Angela Merkel, dass 75 Prozent der Haushalte bis 2014 über »mindestens 50 Megabit« verfügen sollten.

- 2011 versprach der damalige FDP-Wirtschaftsminister, 50 MBit/s würden bis 2018 »flächendeckend verfügbar sein«.

- 2012 versprach das Wirtschaftsministerium erneut noch etwas mehr, nämlich dass mithilfe der »Kräfte des Markts« bis 2018 »wirklich jeder mindestens 50 MBit/s bekommen kann«.

- 2013 versprach die Bundesregierung wiederum, dass 75 Prozent der Haushalte bis 2014 über 50 MBit/s verfügen sollten und dass der »Breitbandausbau zügig vorangeht«. 2014 kam und ging.

- 2014 downgradete Angela Merkel ihr Versprechen von 50 MBit/s bis 2018 zum frommen Wunsch: »Ich hoffe, dass wir das auch wirklich erreichen.« Gleichzeitig versprach sie terminlos »viel größere Bandbreiten«, und zwar für »jeden Haushalt«.

- 2015 versprach die Bundesregierung in ihrer »Digitalen Agenda« wiederum eine »flächendeckende Breitbandinfrastruktur mit einer Downloadgeschwindigkeit von 50 MBit/s bis 2018«. 2016 musste sie zugeben, das Ziel nicht mehr erreichen zu können.

- 2016 versprach die Bundesregierung »spätestens 2025 mit Gigabitnetzen die beste digitale Infrastruktur der Welt«.
- 2017 versprach die Bundesregierung die Zielsetzung auf »mittel- bis langfristig gigabitfähige Netze« und erklärte zugleich: »Das bisher Erreichte kann sich sehen lassen.«[6]

Lobos letzter Punkt: »Und jetzt, 2018, müssen wir also erfahren, dass die Ziele bis 2025 nicht mehr erreichbar sind.« Jedenfalls, ist hinzuzufügen, nicht bei einer Fortsetzung der bisherigen Politik. Lobo bezog sich auf einen Bericht des Europäischen Rechnungshofs, in dem es mit diplomatischer Zurückhaltung hieß, Deutschland werde seine Pläne »anpassen müssen, um den Zielen für 2025 Rechnung zu tragen«.[7] Zu diesen Zielen gehört eben vor allem ein Breitband-Netz mit einer Geschwindigkeit von einem Gigabit pro Sekunde. Und das ist nach derzeitigem Stand nur durch ein flächendeckendes Netz an Glasfaserkabeln zu erreichen.

Warum geht es in Deutschland genau hier nicht voran? Der Europäische Rechnungshof benannte in seinem Gutachten einen Grund: »Vectoring«.[8] Mit dieser Technik wird zwar die Kapazität der bestehenden Kupferkabel erhöht, aber sie erreicht keineswegs die gleichen Geschwindigkeiten wie Glasfaser. Und deshalb stellten die europäischen Rechnungsprüfer fest: »Die Zielsetzungen der Gigabit-Gesellschaft für 2025, mit den geforderten Geschwindigkeiten von 1 Gbit/s, werden mit dieser Technologie wahrscheinlich nicht zu verwirklichen sein.«[9]

Warum das zuständige Bundesministerium für Verkehr und Infrastruktur »Milliardenbeträge in die kupferbasierte Übergangstechnik Vectoring [versenkt]«, fragte man sich auch beim Fachportal *netzpolitik.org*.[10] Der Autor gab selbst einen Hinweis: Die Bundesregierung, schrieb er, »stärkt dabei die Marktmacht der Deutschen Telekom«. Tatsächlich investiert der deutsche Marktführer zwar auch in Glasfaser,[11] aber das kommt, wie vom

Europäischen Rechnungshof amtlich festgestellt, zu spät. Und das ist kein Wunder: Am lukrativsten ist für die Telekom die Nutzung der bereits vorhandenen Kupferkabel plus Vectoring.

Beides erfordert natürlich viel weniger Investitionen als das Verlegen neuer (Glasfaser-)Leitungen bis an die Haustür. Es mag schon stimmen, dass es in Zeiten guter Konjunktur schwer ist, genügend Tiefbau-Firmen zu finden – vor allem, wenn man zu lange auf die veraltete Kupfer-Technik gesetzt hat. Aber richtig ist auch: Kurzfristig können sich die Anteilseigner freuen, wenn der Konzern nicht allzu viel investiert. Unter ihnen, mit insgesamt 31,9 Prozent, die Bundesrepublik Deutschland beziehungsweise die »Kreditanstalt für Wiederaufbau«, die ihrerseits zu 80 Prozent dem Bund und zu 20 Prozent den Ländern gehört.[12]

Das heißt auch: Der wichtigste Aktionär des Ex-Monopolisten ist zugleich – über die Bundesnetzagentur – dessen Genehmigungsbehörde und Kontrolleur. »Die Bundesregierung muss endlich dafür sorgen, dass die schikanösen Praktiken des früheren Staatsmonopolisten aufhören«, fordert der Grünen-Bundestagsabgeordnete Oliver Krischer. Sein Vorwurf, so die *Süddeutsche Zeitung*: »Der Konzern drücke in den Verträgen durch, dass er sich mit der Verlegung von Kabeln mehrere Jahre Zeit lassen könne.«[13] Ausgerechnet die Regierung, sozusagen die Hauptaktionärin, soll diesen Praktiken ein Ende machen? In der Ära Merkel hat sie es jedenfalls nicht getan.

Aber einen Koalitionsvertrag gibt es natürlich auch in der vierten und letzten Legislaturperiode dieser Kanzlerin: »Die Digitalisierung bietet große Chancen für unser Land und seine Menschen. Chancen für Wohlstand und sozialen Fortschritt. Unsere Aufgabe ist es, die richtigen Rahmenbedingungen zu schaffen, damit jeder daran teilhaben kann. Angesichts der Dynamik der Veränderung müssen wir große Schritte wagen, um an die Spitze zu kommen. Wir wollen unser Land in allen Bereichen zu einem starken Digitalland entwickeln«, so haben es Union und SPD dieses Mal formuliert. Und jetzt ist sogar der Vorrang für die Glasfaser festgeschrieben, dazu ein Investitionsvolumen der öffentlichen Hand von zehn bis zwölf Milliarden Euro: »Wir gestalten den Weg in die Gigabit-Gesellschaft mit höchster Priorität. Deshalb wollen wir den flächendeckenden Ausbau mit Gigabit-Netzen bis 2025 erreichen. Wir wollen den Netzinfrastrukturwechsel zur Glasfaser. Unser Ziel lautet: Glasfaser in jeder Region und jeder Gemeinde, möglichst direkt bis zum Haus. (…) Wir gehen von einem öffentlichen Finanzierungsbedarf von zehn bis zwölf Milliarden Euro in dieser Legislaturperiode aus, die wir in einem Gigabitinvestitionsfonds verlässlich bereitstellen.«[14] Die Bilanz der Ära Merkel spricht nicht dafür, dass das Versprechen dieses Mal eingelöst wird.

Nicht anders sieht es übrigens beim mobilen Datennetz aus. Im Koalitionsvertrag hatte es noch eine klare Aussage gegeben: »Neue Frequenzen nur gegen flächendeckende Versorgung.«[15] Ende November 2018 beschloss dann der Beirat der Bundesnetzagentur mit den Stimmen der Koalitionsparteien die Bedingungen, nach denen die Frequenzen für den nächsten Mobilfunk-Standard 5G versteigert werden sollten. Nun war von »flächendeckend« nichts mehr übrig: 98 Prozent der Haushalte sollen die Mobilfunk-Betreiber bis Ende 2022 mit einer Datenübertragung von 100 Megabit pro Sekunde versorgen.[16] Das allerdings kann zum einen »überwiegend mit dem derzeit aktuellen LTE-Standard und den dabei verwendeten Frequenzen umgesetzt werden«.[17] Und zum anderen rechneten selbst Mitglieder der Koalitionspartei SPD damit, dass bezogen auf die Fläche »mindestens zehn Prozent (…) Funklöcher bleiben werden«.[18] Wieder einmal hatten die privaten Betreiber, die wie gewohnt die hohen Kosten beklagt hatten, bei der Politik ein offenes Ohr gefunden.

Klima

Eine Zeit lang sah es so aus, als würde Angela Merkel als »Klimakanzlerin« in die Geschichte eingehen. Schon 1995 hatte sie Deutschland als Bundesumweltministerin bei der ersten Weltklimakonferenz in Berlin erfolgreich vertreten, und noch im Jahr 2007 widmete ihr das *Time Magazine* einen Platz in seiner Reihe »Helden der Umwelt«.[1]

»Eine ambitionierte Umweltpolitik gehört für uns zu einer modernen Gesellschaft und leistet einen Beitrag zum weltweiten Klimaschutz«, hieß es in Merkels erstem Koalitionsvertrag.[2] Deutschland werde »weiterhin seine führende Rolle im Klimaschutz wahrnehmen« und »vorschlagen, dass sich die EU im Rahmen der internationalen Klimaschutzverhandlungen verpflichtet, ihre Treibhausgasemissionen bis 2020 insgesamt um 30 Prozent gegenüber 1990 zu reduzieren«.[3] Das gelang zwar nicht ganz, aber immerhin erreichte die Kanzlerin nach kaum eineinhalb Jahren im Amt eine europäische Einigung: Senkung der Emissionen und des Energieverbrauchs um je 20 Prozent bis 2020, dazu eine Steigerung des Anteils erneuerbarer Energien auf ebenfalls 20 Prozent.[4] Im Jahr 2014 fügte die EU ein neues Ziel hinzu: Reduzierung der Treibhausgas-Emissionen bis 2030 um 40 Prozent gegenüber 1990.[5] Deutschland selbst hatte sich damals schon auf ein wesentlich ehrgeizigeres Programm festgelegt: 40 Prozent weniger Treibhausgase bis 2020. »Dies war das Ziel aller Bundesregierungen seit 2002«, erläutert das Umweltministerium.[6] Bis 2030 soll sogar eine Senkung um 55 Prozent erreicht werden.[7]

Das Problem ist nur: Den hohen Zielen ist die Politik der »Klimakanzlerin« schon lange nicht mehr gerecht geworden. Ihr

Geplante Emmissionssenkungen

Soll: Reduktion um 40%

Haben: Reduktion um 32%

letzter Koalitionsvertrag erklärte die Zielmarke für 2020 praktisch für nicht mehr erreichbar und wurde damit zum Dokument des klimapolitischen Scheiterns: »Wir setzen das Aktionsprogramm Klimaschutz 2020 … vollständig um und werden Ergänzungen vornehmen, um die Handlungslücke zur Erreichung des Klimaziels 2020 so schnell wie möglich zu schließen«, hieß es in verharmlosender Umschreibung. »Das Minderungsziel 2030 wollen wir auf jeden Fall erreichen.«[8] Wenig später stellte der Klimaschutzbericht der Bundesregierung offiziell fest, »dass die Reduktion der Treibhausgasemissionen bis 2020 gegenüber 1990 ohne zusätzliche Klimaschutzmaßnahmen nur etwa 32 Prozent betragen wird«.[9]

Dabei wäre das Ziel auch im beinahe letzten Moment noch zu erreichen gewesen, wie das Fraunhofer-Institut für Energiewirtschaft und Energiesystemtechnik im Sommer 2018 errechnete. Die Politik hätte sich nur entschließen müssen, den Ausstieg aus der Kohle endlich zu forcieren und 14 mit Braunkohle betriebene Kraftwerksblöcke abzuschalten.[10] Das tat sie nicht. Stattdessen zerbrach sich erst einmal die sogenannte »Kohlekommission« die Köpfe über ihre unverbindlichen Vorschläge für den möglichen Beginn eines Ausstiegs.[11]

Schaut man sich die Entwicklung der Treibhausgas-Emissionen genauer an, fällt ein weiterer Verursacher besonders ins Auge: der Verkehr. Er hat in der Regierungszeit der Kanzlerin Merkel mehr zur Bilanz des klimapolitischen Misserfolgs beigetragen als jeder andere Wirtschaftsbereich. Während vor allem die Energieerzeugung und die privaten Haushalte ihre Emissionen deutlich reduzieren konnten, sorgte die fossile Mobilität im Jahr 2017 für etwa elf Millionen Tonnen mehr Kohlendioxid als 2005, nämlich 171 Millionen gegenüber 160 Millionen Tonnen. Mit drei Millionen Tonnen mehr als 2005 lag die Landwirtschaft in dieser Rangliste abgeschlagen auf Platz zwei.[12]

Wann immer es in der EU um die Senkung von Abgas-Grenzwerten ging, verhielt sich Berlin wie eine Lobby-Organisation der deutschen Autoindustrie. So berichtete *Spiegel Online* über die Verhandlungen im Jahr 2013: »In Brüssel war zu hören, Deutschland habe massiven Einfluss auf die anderen EU-Staaten ausgeübt, um eine Verzögerung der Entscheidung zu erreichen. Ein EU-Diplomat sagte, Bundeskanzlerin Angela Merkel (CDU) persönlich habe zum Hörer gegriffen und unter anderem Irlands Premierminister Enda Kenny (den damaligen EU-Ratspräsidenten, Anm. d.A.) angerufen.«[13] Und als es im Jahr 2018 erneut um eine Senkung der Grenzwerte ging, blieb das Ergebnis hinter den Vorstellungen des Europaparlaments zurück: Die EU-Kommission sowie Deutschland und einige osteuropäische Staaten setzten durch, dass die Emissionen von 2021 bis 2030 nicht um 40 Prozent sinken sollen – wie vom Parlament und vielen Mitgliedsstaaten gefordert –, sondern nur um 35 Prozent.[14] Eine Politik, die durch scharfe Vorgaben die Industrie zu schnellerer Innovation bei der Antriebstechnik zwingen würde, wollten die Merkel-Regierungen nie betreiben.

CO_2- Ausstoß durch fossile Mobilität

2005: 160 Mio Tonnen

2017: 171 Mio Tonnen

Das galt auch dann noch, als bekannt wurde, dass vor allem im Volkswagen-Konzern die Ingenieurskunst für andere Zwecke eingesetzt wurde, nämlich zur Manipulation der Abgaswerte von Dieselmotoren. Bei einem ersten Krisengipfel im August 2017 vereinbarten Politik und Autoindustrie neben der Software-Nachrüstung für bestimmte Dieselfahrzeuge einen Fonds in Höhe von zunächst 500 Millionen Euro, von denen die Hersteller die Hälfte tragen sollten.[15] Zum Vergleich: Allein Volkswagen machte im selben Jahr einen Gewinn von 11,4 Milliarden Euro.[16] Zu diesem Zeitpunkt war bereits bekannt, dass das Kraftfahrtbundesamt, eigentlich die wichtigste Instanz zur Kontrolle der Industrie, seine Einschätzungen in freundschaftlicher Atmosphäre mit den Herstellern abgestimmt hatte.[17]

Anfang Dezember 2018, beim nunmehr dritten Diesel-Gipfel, stockte die Bundesregierung ihr »Sofortprogramm saubere Luft« von einer Milliarde auf 1,5 Milliarden Euro auf und spendierte zusätzlich 432 Millionen Euro für die Nachrüstung von Kleinlastwagen. Eine verpflichtende Hardware-Nachrüstung auf Kosten der Betrüger, also der Automobil-Konzerne, gab es immer noch nicht.[18] Kurz zuvor war man auf eine andere, besonders originelle Idee gekommen: Die Bundesregierung erklärte Fahrverbote bei der Überschreitung des geltenden Grenzwerts für den Stickoxid-Ausstoß (40 Mikrogramm pro Kubikmeter) einfach per Gesetz für »unverhältnismäßig«.[19] Das glich natürlich einer Heraufsetzung des Grenzwerts, aber Angela Merkel sah es ganz anders: »Wir haben, das ist ganz wichtig, keinerlei europäische Grenzwerte verändert, die gelten. Aber wir haben unterschieden zwischen geringeren Überschreitungen der Grenzwerte von 40 Mikrogramm und höherer Überschreitung.«[20] Die Autokanzlerin Merkel hatte die Klimakanzlerin Merkel endgültig abgelöst.

Reichtum und Armut

Eines scheint festzustehen: Seit Angela Merkels Amtsantritt sind die Deutschen reicher geworden. Viel reicher sogar. Damals, 2005, betrug das private Geldvermögen – dazu gehören Bargeld, Einlagen, Wertpapiere sowie Forderungen an Versicherungen – 4 172 Milliarden Euro, also etwas über 4 Billionen.[1] Zur Jahresmitte 2018 lag es bei 5 977 Milliarden Euro, also knapp 6 Billionen.[2]

Aber stimmt es wirklich, dass »die Deutschen« reicher geworden sind? Die Antwort: Nein, bei Weitem nicht alle. Nicht nur bei den Arbeitseinkommen hat sich die Schere zwischen Arm und Reich in der Ära Merkel geöffnet, sondern auch bei den Vermögen. Selbst die Bundesregierung musste im Jahr 2017 feststellen: »Die Haushalte in der unteren Hälfte der Verteilung verfügen nur über rund 1 Prozent des gesamten Nettovermögens, während die vermögensstärksten 10 Prozent der Haushalte mehr als die Hälfte des gesamten Nettovermögens besitzen. Der Anteil dieses obersten Dezils ist dabei seit dem Jahr 1998 immer weiter angestiegen, am aktuellen Rand aber konstant.«[3] Auch falls die letzte Bemerkung zutrifft und die ungleiche Verteilung sich derzeit nicht noch weiter verschärft, heißt das im Klartext: Das Maß an Ungleichheit hat zugenommen, auch in der Ära Merkel, und von einer Umkehr dieser Entwicklung kann keine Rede sein.

Es kommt hinzu, dass die Statistiken zur Vermögensverteilung – wie die Bundesregierung selbst zugibt – wahrscheinlich das wahre Ausmaß der Ungleichheit gar nicht erfassen: »Die genannten Daten unterschätzen nach Expertenmeinungen die Vermögenskonzentration. Die Bundesregierung sieht hier weiteren Bedarf, die Datengrundlage zu verbessern«, heißt es im Armuts- und Reichtumsbericht. Die Ungenauigkeit entsteht einerseits dadurch, dass die oberste Schicht der Vermögensbesitzer von der Personenzahl her zu klein ist, um in repräsentativen Befragungen angemessen abgebildet zu werden. Andererseits werden sie auch deshalb nicht immer zutreffend erfasst, »weil die Statistiken auf freiwilligen Befragungen basieren – und die Bereitschaft zur Teilnahme nachweislich sinkt, je reicher der Befragte ist«.[4]

Das Deutsche Institut für Wirtschaftsforschung hat diese Ungenauigkeit in einer Untersuchung zu korrigieren versucht, indem sie vorhandene Schätzungen aus den gängigen Reichenlisten (wie zum Beispiel von *Forbes* oder dem *manager magazin*) mit einbezogen.

Oberste 5% besitzen
51,1% des Vermögens
Oberste 0,001% besitzen
17,4% des Vermögens

Heraus kam, dass in Deutschland die 45 reichsten Haushalte so viel Vermögen besitzen wie die ärmere Hälfte der Bevölkerung. Die obersten 5 Prozent besaßen demnach im Jahr 2014 nicht 31,5 Prozent, wie von der Europäischen Zentralbank errechnet, sondern 51,1 Prozent, und das oberste Promille verfügte nicht über 6,3 Prozent des Vermögens, sondern über 17,4 Prozent.[5]

Zur Bilanz der Ungleichheit gehört schließlich noch der Umstand, dass am Ende der Skala auch die Zahl der Menschen mit Armutsrisiko wuchs. Waren im Jahr 2005 noch 14,7 Prozent der Bevölkerung von Armut bedroht, so lag der Anteil im Jahr 2017 bei 15,8 Prozent,[6] und das nach Jahren des Wirtschaftswachstums. Im Armutsrisiko lebt nach offizieller Lesart, wer weniger als 60 Prozent des mittleren Einkommens erzielt. Als ein Grund für den Anstieg wird immer wieder die verstärkte Zuwanderung der Jahre 2015 und 2016 genannt. Das ist sicher nicht falsch, aber so groß kann dieser Anteil auch wieder nicht sein, denn auch 2014 lag die Quote schon deutlich höher als 2005, nämlich bei 15,4 Prozent. Und statt die Menschen nach ihrer Herkunft einzuteilen, kann man auch ihre Lebenslagen betrachten. Hier zeigt sich, dass – neben Arbeitslosen – zwei Gruppen besonders stark von Armut bedroht sind: Menschen ohne Schulabschluss (46,4 Prozent) und Alleinerziehende (32,6 Prozent). Nicht nur nebenbei ist angesichts der letzten Zahl festzustellen: Armut im reichen Deutschland ist zu großen Teilen weiblich.

Wer glaubt, ein solches Maß an Ungleichheit wie in Deutschland sei eben international üblich, sollte einmal den internationalen Vergleich ansehen. Die Deutsche Bundesbank nannte die Ungleichheit bei den Vermögen hierzulande im Jahr 2016 nach einer intensiven Untersuchung »im internationalen Vergleich hoch«.[7] Und die Allianz-Versicherung, einem übertriebenen Hang zur Gleichmacherei sicher unverdächtig, stellt in ihrem »Global Wealth Report« fest, »dass sich in vielen europäischen Ländern die Vermögensverteilung in den letzten Jahrzehnten eher verschlechtert hat, wenn auch in geringerem Ausmaße als in den USA. Dazu zählen die Eurokrisenländer (Portugal, Griechenland, Irland, Italien und Spanien), aber auch die Schweiz, Frankreich und Deutschland. Komplettiert wird diese Liste von Ländern wie Australien und Japan – die Wahrnehmung, dass in den letzten Jahrzehnten vor allem die ›alten‹ Industrieländer unter einer wachsenden Kluft zwischen Arm und Reich leiden, entspricht also in vielen Fällen durchaus der Realität.«[8] Die Autoren fügen dann noch einen Hinweis an alle hinzu, die glauben, dem zunehmenden Nationalismus in ihren Ländern sei durch Festhalten an einer Politik der Ungleichheit zu begegnen: »Kein Wunder daher, dass die Globalisierung in diesen Ländern weitaus kritischer gesehen wird als in den aufstrebenden Volkswirtschaften, die in Summe auch mit Blick auf die innerstaatliche Vermögensverteilung von der zunehmenden internationalen Arbeitsteilung profitierten.«[9]

Wenn schon ein Finanzkonzern sich wegen der ungleichen Vermögensverteilung Sorgen um den Kapitalismus macht, sollten doch selbst die Wirtschaftsfreunde in der Politik zumindest aufmerksam werden.

Rüstung und Sicherheit

Es ist nicht immer ein gutes Zeichen, wenn es aufwärtsgeht. Zum Beispiel beim Rüstungs-Etat. Dass er steigt, werden nicht einmal diejenigen als erfreulich ansehen, die meinen, es sei angesichts der prekären Sicherheitslage in der Welt geradezu »alternativlos« – um ein Wort von Angela Merkel zu verwenden –, Geld in Panzer, Raketen und Gewehre zu investieren. Erst recht aber ist der Zuwachs eine schlechte Nachricht für alle, die nicht daran glauben, dass die Vergrößerung militärischer Drohpotenziale ein wirksames Mittel zur Verringerung militärischer Drohpotenziale ist.

Im Januar 2004 ging beim Deutschen Bundestag ein Antrag ein, in dem es hieß: »Schutz und Verteidigung unseres Landes und unserer Bündnispartner wird zukünftig Fähigkeiten sowohl auf dem Boden unseres eigenen Landes als auch in anderen Regionen … umfassen müssen. Dies erfordert eine für alle diese Aufgaben gut ausgestattete Bundeswehr. (…) Insbesondere der Modernisierungsstau muss aufgelöst und die Bundeswehr damit wieder voll einsatz- und bündnisfähig gemacht werden.« Die damals noch rot-grüne Bundesregierung wurde folgerichtig aufgefordert, »den Verteidigungshaushalt ab 2005 substanziell aufzustocken«. Begründung: »Sicherheitspolitik hat sparsam mit Haushaltsmitteln umzugehen, bedarf aber im Hinblick auf die unverzichtbare Aufgabe des Staates zum Schutze seiner Bürgerinnen und Bürger einer vorrangigen Berücksichtigung bei notwendigen Investitionen.«[1] Unterschrieben war der Antrag von »Dr. Angela Merkel, Michael Glos und Fraktion«. Merkel war damals Fraktionsvorsitzende der Union, Glos amtierte als ihr Stellvertreter und leitete die Landesgruppe der CSU.

Knapp zwei Jahre später war Angela Merkel Bundeskanzlerin. Und im Nachhinein muss man sagen: Das Ziel, die Ausgaben für Rüstung »substanziell« zu erhöhen und ihnen Vorrang vor anderen staatlichen Aufgaben einzuräumen, hat sie nie aus den Augen verloren. Deutschland rüstet auf, auch das hat diese Ära geprägt.

Nach Berechnungen des internationalen Friedensforschungsinstituts SIPRI sind die deutschen Verteidigungsausgaben zwischen 2006 und 2017 von 30,3 auf 39,5 Milliarden Euro gestiegen.[2] Gemessen an der Wirtschaftsleistung blieben sie in dieser Zeit weitgehend konstant bei 1,2 bis 1,3 Prozent. Auch das bedeutete allerdings bereits eine Kehrtwende: Mit dem Beginn der Kanzlerschaft von Angela Merkel endete die kurze Epoche der »Friedensdividende«, wie man das nach dem Ende des Kalten Krieges nannte. Zwischen 1990 und 2006 war der Anteil der Verteidigungsausgaben von 2,7 Prozent des Bruttoinlandsprodukts auf 1,3 Prozent zurückgegangen.[3] Aber die Hoffnung, auf den Zerfall der Sowjetunion und des ganzen ehemaligen Ostblocks werde eine lang anhaltende Ära des Friedens und der internationalen Zusammenarbeit folgen, war bald verflogen.

Schon im September 2002 verständigten sich die NATO-Staaten bei ihrem Gipfeltreffen in Prag auf das Ziel, ihre Verteidigungsausgaben auf zwei Prozent des Bruttoinlandsprodukts zu steigern. Fast genau zwölf Monate davor hatten die Anschläge vom 11. September 2001 den internationalen Terrorismus zum vorherrschenden Thema gemacht – und zum Hauptargument für eine neue Aufrüstungs-Runde. Die Konrad-Adenauer-Stiftung fasste – sicher in Übereinstimmung mit der CDU-Vorsitzenden Angela Merkel – zusammen: »Die Anschläge auf New York und Washington haben … den Veränderungsdruck auf die Allianz gebündelt und darüber hinaus einen weiteren Bündniszweck (der bereits im Neuen Strategischen Konzept von 1999 erwähnt war) betont – den der Terrorismusbekämpfung.«[4]

Der Autor der CDU-Stiftung, Karl-Heinz Kamp, leitete daraus auch gleich die anstehenden Aufgaben für die Politik und besonders natürlich für »seine« Parteivorsitzende ab: »Daraus ergibt sich für die Mitglieder der NATO die Aufgabe, die dargelegten Trends in den jeweiligen Öffentlichkeiten zu vermitteln und ihre militärischen Fähigkeiten gemäß den künftigen sicherheitspolitischen Anforderungen anzupassen. (…) Neue Konzeptionen und Fähigkeiten [sind] vor allem deshalb erforderlich, weil die vorhandenen militärischen Kapazitäten in Europa und das gegebene Risikobewusstsein nicht ausreichen, um dem gewandelten Gefährdungsbild gerecht zu werden.« Damit war beschrieben, was sich in Wahrheit schon bald in Afghanistan und im Irak als folgenschwerer Irrtum erweisen sollte: Die Vorstellung, dem Terrorismus mit militärischen Angriffen auf vermeintliche oder echte »Schurkenstaaten« begegnen zu können. Und die Unionsfraktion unter ihrer Vorsitzenden Angela Merkel folgte den Vorgaben der Stiftung, als sie den oben erwähnten Antrag begründete: »Die Bedrohungslage für Deutschland hat sich in den zurückliegenden Jahren substanziell verändert. (…) Die gegenwärtig größte Gefahr für unsere Sicherheit stellt die Verbindung von internationalem Terrorismus und Massenvernichtungswaffen dar.«[5]

Als Angela Merkel dann selbst regierte, war von einer Reduzierung der Rüstungsausgaben, keine Rede mehr. Der Verteidigungsetat sank im Verhältnis zur Wirtschaftsleistung nicht mehr, in absoluten Zahlen stieg er wieder regelmäßig an. Und gegen Ende ihrer Amtszeit ließ die Kanzlerin keinen Zweifel daran, dass sie diesen Kurs noch verschärfen würde. Den Anlass dazu lieferte die Einverleibung der Krim durch Russland. Dabei handelte es sich zwar wohl nicht um eine »Annexion«, wie im Westen meistens behauptet wird, aber eine Verletzung des Völkerrechts stellte Moskaus Vorgehen nicht nur nach Ansicht von Russlandhassern und Aufrüstungs-Apologeten dar.[6] Und damit lieferte es den Hardlinern in der NATO den willkommenen Anlass, ihre Argumentation aus dem Jahre 2002 wieder umzukehren und die Forderung nach Aufrüstung (die sie sicher so oder so erhoben hätten) wie schon im Kalten Krieg mit der Landesverteidigung zu begründen.

Den Wendepunkt markierte der NATO-Gipfel von Wales im September 2014. Das Bundesverteidigungsministerium fasste wichtige Ergebnisse zusammen: »Einsatz von AWACS-Flugzeugen an der Ostflanke der NATO; stärkere Präsenz von Marinekräften in der Ostsee, dem Schwarzen Meer und Mittelmeer; häufigere internationale Übungen im NATO-Rahmen.« Und weiter: »Um die Maßnahmen finanziell zu ermöglichen, vereinbarten die 28 Mitgliedsstaaten das ›Zwei-Prozent-Ziel‹. Es sieht im Kern vor, dass alle NATO-Verbündeten spätestens im Jahr 2024 zwei Prozent des jeweiligen nationalen Bruttoinlandsprodukts für Rüstungsmaßnahmen ausgeben.«[7]

Damit hatte sich Deutschland endgültig verpflichtet, seine Armee in den folgenden Jahren massiv hochzurüsten. Derselbe Karl-Heinz Kamp, der die Aufrüstung im Jahr 2002 mit dem internationalen Terrorismus begründet hatte, ließ nun keinen Zweifel daran, dass erneut die wiederbelebte Feindschaft zu Russland an erster Stelle stand: »Die NATO wird sich nicht völlig umorientieren, was ihr strategisches Konzept angeht. Das besteht nach wie vor aus den drei Komponenten Verteidigung des Bündnisgebiets, Krisenmanagement in anderen Regionen und Pflege von Partnerschaften im Sinne der vorbeugenden Sicherheitspolitik. Durch die Ukraine-Krise verändert sich aber die Reihen- oder Rangfolge der Komponenten, wahrscheinlich mit einem Schwerpunkt in Richtung Verteidigung. Dieser Prozess wird nun eingeleitet.«[8]

Für Deutschland hätte das Zwei-Prozent-Ziel, gemessen an der Wirtschaftsleistung 2017 (also ohne das

Verteidigungsausgaben

2016: 35,1 **Milliarden Euro**

2017: 37 **Milliarden Euro**

2018: 38,5 **Milliarden Euro**

Geplant für 2019:
42,9 **Milliarden Euro**

Geplant für 2022:
43,9 **Milliarden Euro**

bis 2024 zu erwartende Wirtschaftswachstum), einen Verteidigungsetat von 65 Milliarden Euro erfordert, 37 Milliarden wurden nach offizieller Berechnung tatsächlich ausgegeben.[9] Derart massive Steigerungen strebte selbst die rüstungsfreudige Verteidigungsministerin Ursula von der Leyen (CDU) nie an – sie hat vielmehr ein »Zwischenziel« von 1,5 Prozent bis 2025 ausgegeben.[10] In den Jahren bis 2022 soll der Etat auf 43,9 Milliarden Euro steigen.[11] Deutschland steht nach 13 Jahren unter Angela Merkel innerhalb der NATO sicher nicht an der Spitze, was die Aufrüstung angeht. Aber dafür, dass es eine Vorreiterrolle für eine auf Entspannung, zivile Konfliktlösung und Abrüstung zielende Sicherheitspolitik eingenommen hätte, kann ebenso wenig die Rede sein.

Ganz ähnlich sieht die Bilanz in der entscheidenden Frage des Verhältnisses zu Russland aus. Auch hier stand Angela Merkel sicher nie in der ersten Reihe, wenn es um konfrontatives Verhalten und militärische Drohgebärden ging. Das zeigte sich zuletzt, als der ohnehin auf hohem Spannungsniveau »eingefrorene« Ukraine-Konflikt wegen eines Zwischenfalls im Asowschen Meer erneut zu eskalieren drohte.[12] Merkel telefonierte mit Russlands Präsident Wladimir Putin und betonte anschließend die Notwendigkeit von »Deeskalation und Dialog«. Auch eine gemeinsame Untersuchung des Vorfalls durch beide Konfliktparteien stand offenbar zur Debatte.[13] Diese mäßigende Rhetorik, verbunden mit diplomatischen Vermittlungsversuchen, entsprach der seit Jahren verfolgten Linie der Kanzlerin. Auf der anderen Seite stand allerdings die Beteiligung Deutschlands an einer Strategie der NATO, die Russland nur als Provokation empfinden konnte: von der Osterweiterung über die faktische Stationierung von Truppen in Polen und dem Baltikum bis hin zu Großmanövern mit eindeutigem Bezug zum Konflikt mit Moskau.

Es gibt keinen Grund, den von Moskau gepflegten Umgang mit dem Völkerrecht und die russischen Provokationen in der Ukraine schönzureden. Aber selbst die schärfsten Kritiker sollten eigentlich verstehen, dass es sicher nicht zur Entspannung beiträgt, sich einerseits für moralisch überlegen zu halten, aber andererseits auf das böse Spiel von Drohung und Gegendrohung selbst einzulassen. Genau das aber hat letztlich auch Deutschland unter Angela Merkel getan. Andreas Zumach, einer der unabhängigsten Beobachter internationaler Konflikte, verurteilte zwar unmissverständlich das Verhalten Russlands, fasste dann aber ebenso treffend zusammen:

Die Deeskalationsappelle und Vermittlungsangebote von Bundeskanzlerin Angela Merkel und Außenminister Heiko Maas (…) werden wirkungslos verpuffen, wenn Deutschland und seine Partner in der NATO und EU nicht endlich über den eigenen Schatten springen und ihre große Mitverantwortung anerkennen für die krisenhafte Zuspitzung im Verhältnis zwischen Russland und dem Westen seit Ende der 90er Jahre – die schließlich zur Annexion der Krim führte. Zu dieser Mitverantwortung gehören die Osterweiterung der NATO unter Bruch des Versprechens, das die Regierung Kohl/Genscher Moskau 1990 nachweislich gegeben hatte. Weiterhin der NATO-Gipfelbeschluss von 2008 mit der Option zur Aufnahme der Ukraine sowie die Assoziationsverhandlungen zwischen der EU und der Ukraine. (…) Und schließlich gehört zur Mitverantwortung Deutschlands und seiner EU- und NATO-Partner die uneingeschränkte Unterstützung für die neue Regierung in Kiew – und zwar auch dann noch, als diese gleich nach ihrer Machtübernahme im Februar 2014 drohte, das bis 2042 vereinbarte Abkommen mit Moskau über die Nutzung der Marinebasis Sewastopol auf der Krim durch russische Seestreitkräfte zu kündigen.[14]

Zumach forderte unter anderem eine Korrektur des NATO-Beschlusses von 2008, also den Verzicht auf eine Mitgliedschaft der Ukraine. »Ebenso wichtig wäre ein Vorschlag für eine erneute Abstimmung auf der Krim; vorbereitet, durchgeführt, überwacht und ausgezählt durch die UNO und mit der Wahloption auf den Verbleib der Krim in der Ukraine mit einem weitestgehenden Status sprachlicher, kultureller, finanzieller und administrativer Autonomie. Würde Berlin eine Initiative für solche Deeskalationsschritte ergreifen, wäre dies eine konkrete und wichtige Wahrnehmung der in Berlin so gerne beschworenen ›gewachsenen internationalen Verantwortung‹ Deutschlands.«[15] So vernünftig diese Vorschläge erscheinen: Angesichts der realen Politik Deutschlands wirken sie wie eine Illusion. Und gerade daran lässt sich ablesen, wie weit auch Angela Merkel immer von einem neuen Anlauf zu echter Entspannungspolitik entfernt war.

In dem oben erwähnten Antrag zum Verteidigungshaushalt, den die CDU-Vorsitzende 2004 im Bundestag stellte, geht es übrigens nicht nur um den Verteidigungshaushalt selbst. Erwähnt wurden auch zwei Punkte, die dann in ihrer Amtszeit als Kanzlerin noch eine wichtige Rolle spielen sollten. Zum einen wurde die Regierung des SPD-Kanzlers Gerhard Schröder aufgefordert, »sich ressortübergreifend zur allgemeinen Wehrpflicht als Verfassungsgebot zur solidarischen Verteidigung unseres Landes und seiner Bevölkerung zu bekennen« und diese »weiterzuentwickeln«. Ein Ziel, an das sich die Unterzeichnerin Angela Merkel bekanntlich als Kanzlerin nicht sehr lange gehalten hat.

Schon eher befolgte sie eine andere Forderung aus dem eigenen Antrag, »sich zur nachhaltigen Unterstützung der deutschen wehrtechnischen Industrie und Forschung zu bekennen, als wichtiger Bereich sowohl innovativer nationaler Forschung und Entwicklung als auch der deutschen Exportwirtschaft«. Die scheidende Kanzlerin würde das wohl heute nicht mehr so offen sagen, aber in der Praxis hat sie die Rolle als Interessenwahrerin der deutschen Rüstungsindustrie nie aufgegeben. Nicht einmal an das Versprechen ihres letzten Koalitionsvertrages mit der SPD, wenigstens die Beteiligten am Jemen-Krieg von Waffenlieferungen auszunehmen, hielt sich die Bundesregierung. Erst als die Ermordung des oppositionellen saudischen Journalisten Jamal Khashoggi für Aufsehen sorgte, stellte sie die Exporte an Saudi-Arabien ein – vorläufig.[16]

Schulden

Als Angela Merkel ins Kanzleramt einzog, war der deutsche Staat (Bund, Länder, Gemeinden, Sozialversicherungen und »Sondervermögen«[1]) mit 1,49 Billionen Euro verschuldet. Am Ende des Jahres 2017 waren die Gesamtschulden um fast 500 Milliarden auf 1,97 Billionen Euro angewachsen.[2] Allerdings hat in der Ära Merkel eine Trendwende stattgefunden: Seit 2014 erzielten die öffentlichen Haushalte in jedem Jahr einen Überschuss, und schon seit 2012, als er mit mehr als zwei Billionen Euro seinen Höhepunkt erreichte, ist der Schuldenberg kontinuierlich geschrumpft. »Dass wir das schaffen, das ist nichts anderes als Generationengerechtigkeit pur und das Denken an die Menschen, die nach uns leben werden. Deshalb ist das gut«, lobte sich die Kanzlerin.[3]

In einem Land, das die »Schwarze Null« für das Nonplusultra der Haushaltspolitik hält, trifft eine solche Aussage auf fruchtbaren Boden. Auf welche Weise die Überschüsse erzielt worden sind, steht dagegen weniger im Fokus. Woran liegt es also, dass der Staat immer reicher zu werden scheint? Die gute Nachricht lautet, dass die Einnahmen (also vor allem Steuern und Abgaben) wegen der guten Konjunktur zwischen 2005 und 2017 von 946 Milliarden auf 1,43 Billionen Euro gestiegen sind. Das würde sich jede Regierung zugutehalten. Allerdings sind da ein paar entscheidende Punkte, die Merkel verschweigt:

Der deutsche, zum großen Teil exportbasierte Boom geht nicht zuletzt auf Kosten der »Partner« in Europa und anderswo. »Der starke Export führt zu Arbeitslosen in anderen Ländern«, sagt Günther Schmid vom Wissenschaftszentrum Berlin für Sozialforschung.[4] Zum Beispiel in Griechenland, das so lange mit geliehenem Geld (nicht zuletzt von deutschen Banken) alle möglichen Produkte (nicht zuletzt aus Deutschland) importierte, bis die Blase platzte. An diesem Ungleichgewicht mag auch Griechenland eine Mitschuld tragen. Aber der deutsche Beitrag bestand darin, dass Merkels Regierungen und die Unternehmen es unterließen, durch Investitionen und durch angemessene Einkommenssteigerungen die Binnennachfrage zu stärken und die Exportüberschüsse abzubauen.

Was dann auf die Krise folgte, war die Nullzins-Politik der Europäischen Zentralbank, und daran hat der deutsche Staat (anders als die Sparerinnen und Sparer) mächtig verdient: Von 2008 bis Ende 2016 lag die Zinsersparnis laut Deutscher Bundesbank bei 240 Milliarden Euro, wie das *Handelsblatt* berichtete.[5] Deutschland sanierte seinen Etat, während Griechenland zu brutalen Einsparungen im Sozialsystem gezwungen wurde.

Trotz des Geldsegens unterließen die Merkel-Regierungen auch jetzt dringend notwendige Investitionen. Marcel Fratzscher, Präsident des Deutschen Instituts für Wirtschaftsforschung, lobte zwar den Haushalt 2018 für einige zusätzliche Investitionen in »Bildung und Innovation«, gleichzeitig tue aber die Bundesregierung »nach wie vor zu wenig, um die massive öffentliche Investitionsschwäche zu adressieren«. Untersuchungen zeigten »einen Investitionsstau von über 120 Milliarden Euro bei den Kommunen«. Allein bei der Sanierung und Instandhaltung von Schulen fehlten 35 Milliarden Euro, ähnlich groß sei die Lücke bei der Verkehrsinfrastruktur.[6]

Der Staat spart sich ir-

Steuereinnahmen
2005: 946 Milliarden
2017: 1,43 Billionen Euro

Investitionsstau bei Kommunen:
120 Milliarden Euro

Fehlender Etat Sanierung und Instandhaltung Schulen:
35 Milliarden Euro

Kaum Rückgang der Zahl der überschuldeten Personen:
2006: 7,02 Millionen
2018: 6,93 Millionen

gendwann schuldenfrei, aber wie geht es dabei seinen Bürgerinnen und Bürgern? Die Zahl der überschuldeten Personen in Deutschland lag im Jahr 2006 bei 7,02 Millionen Personen oder 10,43 Prozent der Erwachsenen. Zwölf Jahre später waren es immer noch 6,93 Millionen Personen oder 10,04 Prozent.[7] Im Zehn-Jahres-Vergleich, also seit 2008, bedeutet das sogar einen Höchststand.[8] Bei den Ursachen geht zwar der Anteil der Arbeitslosigkeit zurück und liegt bei etwa 20 Prozent, aber dafür rückt die »neue soziale Frage« in den Vordergrund: »Wohnen ist zumindest in deutschen Großstädten zum Armutsrisiko, in jedem Fall zum Überschuldungsrisiko geworden«, stellt die Wirtschafts-Auskunftei Creditreform fest.[9] Gestiegen ist auch der Anteil derjenigen, die sich aufgrund »unwirtschaftlicher Haushaltsführung« überschulden. Er liegt allerdings dennoch nur bei 13 Prozent[10] – das Argument »Selber schuld an den Schulden« kann also allenfalls für eine Minderheit gelten.

Deutschland geht es gut? Mit Blick auf die Schulden kann man nur sagen: Dem Staat vielleicht, den Reichen bestimmt, aber am unteren Ende wird gespart. Und wer Pech hat, landet trotzdem in der Schuldenfalle.

Wirtschaft und Handel

Es war einer der großen Momente in der Kanzlerschaft von Angela Merkel: Am 5. Oktober 2008, einem Sonntag, stand sie mit ihrem Finanzminister Peer Steinbrück (SPD) vor den Kameras und sorgte für Ruhe im Land. Die Insolvenz der US-Bank Lehman Brothers hatte eine weltweite Finanzkrise ausgelöst, und in Deutschland war der Kampf um die Rettung der faktisch insolventen Bank Hypo Real Estate in vollem Gange. Experten sahen für den Fall des Scheiterns einen Kollaps des ganzen Bankensystems voraus. Aufkeimende Panik überall, aber die Kanzlerin tat das, was sie immer am besten konnte: Ruhe verbreiten und die Menschen in Sicherheit wiegen. »Die Bundesregierung sagt am heutigen Tag, dass wir nicht zulassen werden, dass die Schieflage eines Finanzinstituts zu einer Schieflage des gesamten Systems wird. (…) Wir sagen den Sparerinnen und Sparern, dass ihre Einlagen sicher sind. Auch dafür steht die Bundesregierung ein.«[1]

Merkel hatte damit den wohl spektakulärsten Beweis für ihre Nervenstärke und ihr politisches Geschick abgeliefert. Der Auftritt glich einer waghalsigen Wette auf die Wirkung ihrer Worte: Der Clou bestand in dem Kalkül, das Versprechen nicht halten zu müssen, weil sie es abgab. Genau so kam es dann ja auch: Der für den folgenden Montag befürchtete Run verunsicherter Bankkunden auf ihre Guthaben blieb aus und mit ihm der Zusammenbruch des deutschen Bankensystems. Das mag nicht nur an dem sonntäglichen Auftritt der Kanzlerin und des Finanzministers gelegen haben – die vorläufige Rettung der Hypo Real Estate kam hinzu –, aber er dürfte einen wichtigen Beitrag geleistet haben.

Die Bankenkrise war sicher die größte ökonomische Bedrohung in der Amtszeit der Kanzlerin Merkel. Um den Folgen zu begegnen, scheute sich die damalige CDU-Vorsitzende nicht, für einen Moment ihre Ablehnung staatlicher Eingriffe in die Wirtschaft zu vergessen: Gemeinsam mit ihrem Arbeits- und Sozialminister Olaf Scholz (SPD) legte sie zur Jahreswende 2008/2009 gleich zwei Konjunkturprogramme auf, die von der Verlängerung der Bezugsdauer beim Kurzarbeitergeld bis zu der berühmten »Abwrackprämie« für Autos reichten.[2]

Auf internationaler Ebene war schnell das Ziel formuliert, dass in Zukunft »kein Markt, kein Teilnehmer und kein Produkt mehr unreguliert« sein solle.[3] In der EU begann die Arbeit an einer stärkeren gemeinsamen Kontrolle über die Banken, die ja ihrerseits international agieren. Es entstand eine gemeinsame Aufsichtsbehörde, die wichtigsten Institute wurden »Stresstests« unterzogen, ein Mechanismus für die Abwicklung gefährdeter Banken trat ebenso in Kraft wie die Richtlinie zur Mindest-Kapitalausstattung.[4]

Auch um den Kern des Merkel'schen Versprechens von 2008, die Einlagensicherung, hat sich die Europäische Union gekümmert. Allerdings hat sich vor allem ein Land dem Vorhaben, den Sparerschutz zu einem europäischen Projekt zu machen, immer wieder in den Weg gestellt: Deutschland unter der Kanzlerin Angela Merkel. Erst bei einem Gipfel im Sommer 2018 ließ sie sich darauf ein, »einen Fahrplan für die Schaffung der europäischen Einlagensicherung zu erstellen.« Die Bundesregierung, berichtete eine Korrespondentin der *Welt*, »fordert aber weiterhin, dass zunächst die Altlasten auf nationaler Ebene abgebaut sein müssten, bevor eine Risikoteilung über eine gemeinsame Einlagensicherung erfolgen könne.«[5]

Hier zeigt sich zum wiederholten Male das bereits an anderer Stelle erwähnte Projekt der nationalen »Wettbewerbsfähigkeit«.[6] Für Schieflagen aller Art ist immer nur das einzelne Land verantwortlich. Risikoteilung – nur so ist der Einwand der Bundesregierung zu verstehen – kann erst dann stattfinden, wenn es nur noch wenige Risiken zu teilen gibt. Wer dieser Haltung zustimmt, weil er meint, das deutsche Hemd sei ihm eben näher als der europäische Rock, blendet eine wichtige Tatsache aus: Deutschland spielt die nationale Karte immer nur dann, wenn das den nationalen Interessen nutzt. Wenn aber die internationale Verflechtung Vorteile bringt, zumindest kurzfristig, ist sie herzlich willkommen.

Das führt direkt zum zentralen Fehler der Merkel'schen Wirtschaftspolitik: Der einseitigen Orientierung am Export. »Wettbewerbsfähigkeit« hat für diese Kanzlerin – wie übrigens auch für ihren Vorgänger Gerhard Schröder – immer bedeutet, den europäischen und internationalen »Partnern« möglichst viele deutsche Produkte und Dienstleistungen zu verkaufen. Schon die Agenda 2010 des – laut Parteibuch – Sozialdemokraten Schröder diente diesem Zweck, indem sie den Druck auf die Löhne verstärkte. Und das gleiche Ziel verfolgt die von Angela Merkel unterstützte Freihandels-Politik der EU. Einer Reihe afrikanischer Staaten hat sie sogenannte »Partnerschaftsabkommen« aufgezwungen, deren Folgen ein Aufruf zivilgesellschaftlicher Organisationen aus Afrika so beschrieb: »Die landwirtschaftliche und industrielle Produktion der afrikanischen Länder wird der Konkurrenz mit den wettbewerbsfähigeren und oft stark subventionierten Produkten aus der EU ausgesetzt, was die Möglichkeiten einer regionalen Entwicklung und Integration einschränken wird.«[7] Auch die bekannteren Freihandels-Abkommen mit Industriestaaten, also etwa TTIP (USA) und CETA (Kanada), setzen auf die Beseitigung von Hindernissen für den Export. Hier sind es vor allem die Gefahren eines weitgehend ungezügelten Handels für ökologische und soziale Standards, die auf Widerstand stießen.[8]

Exportüberschüsse
2005: 158 Mrd €
2017: 245 Mrd €

Die Kritik an der deutschen Exportlastigkeit ist bei Angela Merkel immer auf taube Ohren gestoßen, obwohl sie offensichtlich zu erheblichen Ungleichgewichten führt. Die Überschüsse sind zwischen 2005, als sie Kanzlerin wurde, und 2017 von 158 auf 245 Milliarden Euro gestiegen.[9] »Damit steigt das Risiko von Störungen … in verschuldeten Ländern zum Schaden aller«, schrieb der Chefvolkswirt des Internationalen Währungsfonds, Maurice Obstfeld. Exportlastigkeit sei »nicht unbedingt ein Zeichen von Stärke, sondern ein Beleg heimischer Investitionsschwäche und einer Sparquote, die über das hinausgeht, was wirklich notwendig ist«.[10]

Der Experte der gewerkschaftlichen Hans-Böckler-Stiftung, Fabian Lindner, verwies auf den Zusammenhang dieser Überschüsse mit Krisen wie derjenigen in Griechenland: »Andere Länder erhöhen ihre Schulden, um deutsche Waren zu importieren. Deutschlands Wirtschaftsmodell lebt also davon, dass andere höhere Schulden aufhäufen. (…) Das ist nicht einfach eine abstrakte Gefahr irgendwann in der Zukunft. Wir hatten das schon einmal mit der Finanzkrise von 2009–2010, der sogenannten Euro-Krise. Die Situation kann sich wiederholen.« Auch Lindner empfiehlt als Gegenmittel zusätzliche Investitionen: »Die Nachfrage könnte etwa durch öffentliche Ausgaben für die Infrastruktur gesteigert werden. Auch sollten mehr Leute beschäftigt werden, sie würden dann mehr ausgeben, was dann zum Teil für importierte Waren ausgegeben würde.«[11]

Übrigens gilt für Freihandelsabkommen wie Exportüberschüsse: Die Kritik ist nicht schon deshalb falsch, weil auch Donald Trump sie – aus ganz eigenen, nationalistischen Motiven – übt. Den Gegnern des »Freihandels«, wie Angela Merkel ihn betreibt, geht es gerade nicht um nationalen Egoismus, sondern um eine faire Form von Globalisierung.[12]

Ökonomische Turbulenzen, die in Deutschland so gern als Problem der anderen gesehen werden, haben also mit der Merkel'schen Politik in Wahrheit eine Menge zu tun. In der EU gibt es eine Regel, nach der die Überschüsse in der Leistungsbilanz eines Landes 6 Prozent nicht übersteigen sollen. Das deutsche Plus lag im Jahr 2017 bei 7,9 Prozent.[13] Aber während die Verschuldung anderer Länder für jede Menge Aufregung sorgt, redet über diesen deutschen Beitrag zur europäischen Krisenanfälligkeit fast niemand. Kein Wunder: Noch sichert er ja Arbeitsplätze in Deutschland – wenn auch auf Kosten der »Partner«.

Wohnen

Es gibt kaum ein Thema, das Menschen so existenziell betrifft wie die Frage nach dem Dach über dem Kopf. An kaum einem anderen Thema lässt sich zeigen, wie brüchig der soziale Zusammenhalt in einem der weltweit reichsten Länder geworden ist. Und bei kaum einem Thema lässt sich so leicht belegen, was die Regierungen der Kanzlerin Angela Merkel dagegen unternommen haben: so gut wie nichts.

Wohnen – die Erkenntnis hat sich herumgesprochen – droht für Millionen Menschen in Deutschland zum Luxusgut zu werden. Vorausgesetzt, sie besitzen weder ein eigenes Häuschen noch das nötige Kleingeld, um die astronomischen Mieten bezahlen zu können.

In allgemeinen Zahlen sieht die Entwicklung zunächst nicht besonders dramatisch aus: Von 2005, als Angela Merkel die Wahl gewann, bis zum Jahr 2017 ist die durchschnittliche Mietbelastung (inklusive Nebenkosten) um etwa 15,9 Prozent gestiegen. Sie bleibt damit sogar hinter der sonstigen Preisentwicklung von 18,5 Prozent zurück.[1] Auch gemessen am Einkommen, so zum Beispiel das Institut der Deutschen Wirtschaft, seien die Mieten in den vergangenen zwei Jahrzehnten nicht überproportional gestiegen.[2]

Das sind allerdings Rechnungen, für die sich selbst das sprichwörtliche Milchmädchen schämen würde. Denn die »wirtschaftsnahen« IW-Forscher lassen die Verteilung der Belastungen einfach außer Acht. Beim untersten Fünftel auf der Einkommensskala stieg der Anteil der Wohnkosten am Gesamteinkommen zwischen 1993 und 2013 von 27 auf 39 Prozent. Beim obersten Fünftel waren es schon 1993 nur 16 Prozent, 20 Jahre später nur noch 14 Prozent.[3] Und der Sozialverband Deutschland weist in einer Studie darauf hin, »dass bestimmte Haushalte besonders anfällig für eine hohe Mietbelastungsquote sind. Dies sind Einpersonenhaushalte, Alleinerziehende und Haushalte mit wenig Einkommen, insbesondere armutsgefährdete Haushalte.«[4] Bei Letzteren hat eine EU-Studie schon 2015 eine Belastung von 47 Prozent des Einkommens ermittelt[5] – und besser geworden ist es seitdem sicher nicht.

Vollends deutlich wird die Dramatik, wenn man die einzige Zahl heranzieht, die Wohnungs*suchende* interessiert: Bei neuen Verträgen ist die durchschnittliche Netto-Kaltmiete für Wohnungen zwischen 40 und 130 Quadratmeter allein in den Jahren 2013 bis 2017 von 6,82 auf 7,99 Euro gestiegen.[6] Das sind innerhalb von nur fünf Jahren über 17 Prozent – wohlgemerkt im Durchschnitt, also unter Einbeziehung aller Regionen. Dass es in vielen städtischen Gebieten noch deutlich schlimmer aussieht, liegt auf der Hand. Die Folge, so das »Verbändebündnis Wohnungsbau« im Frühjahr 2018: »Haushalte mit niedrigen und mittleren Einkommen können am bisherigen Wohnstandort kaum umziehen, weil die angebotenen Wohnungen kaum bezahlbar sind.«[7]

Was haben die Regierungen unter Angela Merkel gegen diese Entwicklung getan? Zunächst haben sie tatenlos zugesehen, wie die Zahl der Sozialwohnungen, die früher das wichtigste Mittel gegen die Wohnungsnot der weniger Begüterten waren, Jahr für Jahr schrumpfte – allein in der Ära Merkel von 2,1 Millionen (2006) auf 1,223 Millionen im Jahr 2017.[8] Schon unter der rotgrünen Bundesregierung von 1998 bis 2005 war der soziale Wohnungsbau praktisch zum Erliegen gekommen. Da immer mehr Wohnungen aus der zeitlich befristeten Preisbindung fielen, war die logische Folge eine Reduzierung des Sozialwohnungsbestands. Viele Kommunen verkauften ihren Immobilienbestand ganz oder in Teilen an private, profitorientierte Gesellschaften.[9] Die Förderung des gemeinnützigen Wohnens[10] war noch unter der Kanzlerschaft von Helmut Kohl, 1990, eingestellt worden. In der Ära Merkel beschränkte sich der Bund zunächst auf die Zahlung eines Zuschusses an die Länder in Höhe von 500 Millionen Euro pro Jahr, dafür waren sie aber auch seit 2006 allein für den Wohnungsbau zuständig. So stellte der Politikwissenschaftler Björn Egner im Jahr 2014 kurz und bündig fest: »Seit Beginn der Kanzlerschaft von Angela Merkel 2005 waren bislang keine großen mietrechtlichen Weichenstellungen zu verzeichnen.«[11]

Erst im Rahmen der immer lauter werdenden öffentlichen Debatte über die neue Wohnungsnot und angesichts der stark gestiegenen Zuwanderung in den Jahren 2015 und 2016 wurde dieser Zuschuss auf eine Milliarde und dann auf 1,5 Milliarden Euro erhöht.[12] Es folgte die weitgehend wirkungslose »Mietpreisbremse«,[13] und im September 2018 schließlich präsentierte die Kanzlerin nach einem »Wohngipfel« mit den Bundesländern sowie den Verbänden der Wohnungswirtschaft ein »historisch einmaliges Paket« im Umfang von 13 Milliarden Euro für vier Jahre.[14] Fünf Milliarden waren für den sozialen Wohnungsbau vorgesehen (2018 und 2019 je 1,5 Milliarden, für 2020 und 2021 zusammen »mindestens zwei Milliarden« Euro). Mit 2,7 Milliarden Euro wurde das neue »Baukindergeld« veranschlagt, das allerdings viele Experten für eine Fehlkonstruktion halten, weil es nur diejenigen begünstigt, die sich ohnehin einen Immobilienerwerb leisten können, und weil die erhöhte Liquidität der Käuferinnen und Käufer sich in noch höheren Preisen niederschlagen könnte. Außerdem enthält das Paket eine steuerliche Sonderabschreibung für Bauherren, eine verbilligte Abgabe bundeseigener Grundstücke, Neubauten für Bundesbedienstete und ohnehin geplante Ausgaben wie die Städtebauförderung.[15]

Das alles klingt äußerst voluminös, ist aber letztlich völlig unzureichend, und zwar nicht nur, weil die Milliarden für das Baukindergeld und Steuergeschenke an Bauherren kaum für günstigen Wohnraum sorgen werden. Das bereits erwähnte Gutachten des »Verbändebündnisses Wohnungsbau« ging davon aus, dass pro Jahr mindestens 400 000 Wohnungen gebaut werden müssten, 140 000 mehr als im Schnitt der Jahre 2015 und 2016, davon 80 000 Sozialwohnungen und 60 000 anderweitig geförderte Unterkünfte. Allerdings ist insgesamt »davon auszugehen, dass der gegenwärtige Wohnungsbau quantitativ und qualitativ nicht zum Wohnungsbedarf passt.« Und die Korrespondentin des Deutschlandfunks resümierte, »dass Union und SPD ihr selbst gestecktes Ziel von insgesamt 1,5 Millionen neuen Wohnungen bis 2021, die im Koalitionsvertrag versprochen wurden, wahrscheinlich nicht halten werden«.[16]

Anstieg Nettokaltmieten für Wohnungen zwischen 40 und 130 m²:
2013: 6,82 € / m²
2017: 7,99 € / m²

Zahl der Sozialwohnungen:
2006: 2,1 Millionen
2017: 1,223 Millionen

Von ehrgeizigeren Zielen ganz zu schweigen: Die Fraktion der Linken im Bundestag legte im Herbst 2018 ihr eigenes Konzept für ein Wohnungsbauprogramm[17] vor, das zwar ebenfalls »nur« knapp 400 000 Wohneinheiten pro Jahr vorsah, dabei aber gezielt auf öffentlich geförderte Wohnungen sowie Wohnungen »im kommunalen, genossenschaftlichen oder gemeinwohlorientierten Eigentum« abzielt. Die Linke rechnet für den Bund (die Länder müssten sich wie immer zusätzlich an der Finanzierung beteiligen) mit Kosten von 10 Milliarden Euro pro Jahr. Das wären nicht einmal drei Prozent der 356 Milliarden Euro, die der Bundeshaushalt 2019 umfasst.

Der »Sozialverband Deutschland« ging noch einen Schritt weiter, indem er die eigentlich logische Konsequenz aus der öffentlichen Verantwortung für die Daseinsvorsorge, also auch für das Wohnen, benannte: »Innerhalb der außerparlamentarischen Mieteninitiativen fordern die dort Mitwirkenden sogar noch weiter gehende Maßnahmen, wie (…) Enteignung und Vergesellschaftung (…) Ein solches Marktregulierungsprogramm setzt allerdings einen starken politischen Willen und Durchsetzungskraft beim Gesetzgeber voraus.«[1] Beides hat es unter Angela Merkel

Jährliches Soll und Haben im Wohnungsbau:
Soll: 400.000 / Jahr
Haben: 260 000 / Jahr

nicht gegeben, und beides wird es auch in der Zeit nach ihr nicht geben. Nicht solange CDU und CSU regieren. Sie sind nicht einmal willens oder in der Lage, dem Markt, der angeblich alles am besten regelt, durch den Bau einer ausreichenden Zahl von Sozialwohnungen und durch die Wiederbelebung der Gemeinnützigkeit Grenzen zu setzen.

Wie am Anfang gesagt: Kaum ein politisches Thema betrifft so viele Menschen auf so existenzielle Art und Weise, und bei kaum einem Thema hat der Zusammenhalt der Gesellschaft so stark unter der Markt-Ideologie der angeblich so ideologiefreien Kanzlerin gelitten.

Fazit

»Leader of the free world«, wie Jana Hensel die Noch-Kanzlerin nannte – in dieser Bezeichnung spiegelt sich ziemlich genau das Image, mit dem Angela Merkel gern in die Geschichte eingehen würde: Eine echte Staatsfrau, auf allen Bühnen der Welt zu Hause, Bollwerk gegen die Trumps, Erdogans und Putins und all die anderen, die internationale Regeln und Gebräuche mit Füßen treten; zu Hause immer auf den Zusammenhalt der Gesellschaft und die Einheit Europas bedacht; offen für die Belange der Frauen, die arbeiten wollen und deshalb Kita-Plätze brauchen; geläutert bei der Atomkraft und überzeugt von den erneuerbaren Energien; und den Mindestlohn hat sie auch noch eingeführt.

Entspricht das nicht genau dem, was wir in Zeiten von Populismus und Nationalismus brauchen? Müssen nicht alle demokratischen Kräfte gemeinsam ein Bollwerk gegen den Rechtsnationalismus bilden, möglichst unter Führung einer Frau wie Angela Merkel? Ist es dann nicht genau richtig, wenn CDU, SPD, Grüne und FDP in wechselnden Koalitionen, aber letzten Endes doch eben gemeinsam die »Mitte« verteidigen? Das ist ja die Tendenz, die sich stetig verstärkt hat, seit die Fremdenfeindlichkeit sich offen auf der Straße zeigt und die AfD dem extrem rechten Lager parteipolitisch Ausdruck verleiht. Aber genau darin liegt, was die Zukunft der Demokratie betrifft, vielleicht die gefährlichste Erblast der Ära Merkel. Um es in einem Satz zusammenzufassen: Wenn links von den Rechten nur noch die Mitte ist, entsteht auf der Linken ein gefährliches Vakuum. Oder noch kürzer: Der Kampf gegen Rechts ist nur mit Links zu gewinnen. Mit einer Politik, die den sozialen Brüchen, welche der Neoliberalismus verursacht hat, wieder ein entschieden soziales Handeln entgegensetzt.

Genau hierin besteht Angela Merkels Versagen. Es zeigt sich jetzt, trotz ihrer beachtlichen Karriere, dass sie denselben Fehler begangen hat, mit dem sich Hillary Clinton 2016 um das Amt der US-Präsidentin brachte: Merkel hat die »Mitte der Gesellschaft« mit der ganzen Gesellschaft verwechselt. Sie hat wohl wie Clinton geglaubt, dass das oft städtische, weltoffene, liberale, materiell einigermaßen abgesicherte, ökologisch angehauchte, aber einer starken Rolle des Staates oder gar der Umverteilung des Reichtums eher abgeneigte Publikum die unangefochtene Hegemonie im öffentlichen Raum besitze. Sie hat nicht gesehen, wie tief die sozialen und kulturellen Brüche, wie tief die Angst vor sozialer Ent-Sicherung sich schon in die »Mitte der Gesellschaft« gefressen hatte. Dabei geht das, was hier mit »sozialer Ent-Sicherung« gemeint ist, weit über die von Armut betroffenen Gruppen wie Kleinrentner und Hartz-IV-Empfänger hinaus. Es geht vielmehr um das Gefühl, im grenzenlosen Kapitalismus vielen Lebensrisiken – von Armut im Alter über schlechte Chancen für die eigenen Kinder bis hin zu Verbrechen und Klimakatastrophen – mehr oder weniger schutzlos ausgesetzt zu sein. Für dieses Gefühl mag der plötzliche Anstieg der Flüchtlingszahlen im Herbst 2015 ein Katalysator gewesen sein, aber die Ursachen der Angst sind nicht bei der Migration zu suchen, sondern maßgeblich bei der herrschenden Politik.

Nun ist selbst eine so mächtige Politikerin wie Angela Merkel nicht an allem schuld. Seit ihrem Einzug ins Kanzleramt ist das Regieren ja nun wirklich nicht einfacher geworden: Dass die alten Klassen und Milieus sich in den vergangenen Jahrzehnten wenn nicht aufgelöst, so doch zunehmend fragmentiert haben, ist inzwischen eine Binsenweisheit. Und dass sich das irgendwann in der Parteienlandschaft niederschlagen würde, konnte niemanden verwundern.

Die Industrie-Arbeiterschaft, auf welche die SPD sich einst stützte, ist längst weitestgehend aufgespalten in hochqualifizierte Digitalisierungs-Gewinner einerseits und zu Hilfskräften degradierte Niedriglöhner andererseits, von kreativen Mini-Selbständigen an der Armutsgrenze ganz zu schweigen. Bis heute hat die Sozialdemokratie es versäumt, sich darüber zu verständigen, was das Wort »sozial« in ihrem Namen unter diesen Bedingungen noch bedeuten soll. Die durch Gerhard Schröders Agenda auf geradezu anti-soziale Weise »Abgehängten« hat sie kampflos der Linkspartei überlassen, die sich allerdings ihrerseits nicht entscheiden kann zwischen einem »kosmopolitischen« Ansatz internationaler Solidarität und einer auf Verteidigung des nationalen Sozialstaats (im Zweifel auch gegen Flüchtlinge) gerichteten Strategie. Und die AfD, obwohl von ihrer Funktionärs-Elite her keineswegs proletarisch, profitiert trotz neoliberaler Ideologie ebenfalls von den Abstiegs-Ängsten und Abstiegs-Erfahrungen in großen Teilen der Gesellschaft.

Der christlich fundierte Konservatismus, einst Garant für die Wahlsiege der Union, löst sich ebenso auf wie die religiösen Bindungen. Die CDU in ihrem aktuellen Zustand konnte und kann gar nicht anders, als sich immer neu zwischen zwei unterschiedlichen Gruppen von Besitzstandswahrern zu entscheiden: Auf der einen Seite steht eine globalisierte, in gesellschaftlichen Fragen relativ modern denkende Klientel, die vor allem von Steuern entlastet und mit Kita-Plätzen versorgt werden will; auf der anderen Seite die eher national Denkenden und Fühlenden, die durchaus anfällig sind für Geschichten von der Geborgenheit im Schoß einer ethnisch und moralisch sauberen »Volksgemeinschaft«, wie die AfD sie erzählt.

All das hat Angela Merkel nicht verschuldet, schon gar nicht allein. Auch der Klimawandel ist nicht ihre Erfindung, so wenig wie Globalisierung und Digitalisierung. Aber Verantwortung trägt sie dennoch: Sie hat gar nicht daran gedacht, aus den skizzierten Entwicklungen mit der notwendigen Radikalität Konsequenzen zu ziehen. Sie hat sich stattdessen bekanntlich auf das konzentriert, was man analog zum Schlagwort der »Modernisierungslinken« als »Modernisierungsrechte« bezeichnen könnte – ein Wort, das ihre Politik vermutlich viel besser trifft als der diffuse Begriff von der »Mitte«. Auch wenn das Wort »rechts« inzwischen fast nur noch für die extreme Rechte gebraucht wird: »Mitte« ist für Merkels Ideologie und Politik der Ehre zu viel. Die »Mitte« zwischen den Interessen des Kapitals und den sozialen, ökologischen und demokratischen Notwendigkeiten hat sie nie gesucht – man betrachte nur ihre geradezu industriehörige Haltung, was die Innovations-Verweigerung und die Betrugsmanöver der Automobil-Konzerne betrifft.

Diese Analyse steht zugegebenermaßen im Widerspruch zu dem Medienbild, das von Merkel immer wieder gezeichnet wird und an dem sie kräftig mitgearbeitet hat: Die Kanzlerin, hieß es immer wieder, habe gar keine eigene Agenda, sondern folge ausschließlich gesellschaftlichen Stimmungen und ihrem eigenen Machtinstinkt. Getrieben von Zwängen aller Art habe sie mehr oder weniger spontan die CDU »nach links gerückt«: mal aus Rücksicht auf den Koalitionspartner (Mindestlohn), mal wegen dramatischer Ereignisse (Atom-Ausstieg), mal wegen zwingender Notwendigkeiten im internationalen Rahmen (Abschaffung der Wehrpflicht). Ansonsten aber sei sie immer schön auf Sicht gefahren, je nach Lage ihren Kurs mal korrigierend und mal nicht.

Es mag schon stimmen, dass Merkel zu Entscheidungen wie dem Atomausstieg und dem Mindestlohn nicht aus Überzeugung gelangte. Aber wer daraus schließt, sie habe gar keine Überzeugungen, liegt daneben. Entgegen vorherrschender Meinung kann hier nur wiederholt werden: Angela Merkel hatte sehr wohl zu jedem Zeitpunkt ihrer Karriere eine politische Agenda. Es war die Agenda des Neoliberalismus, der sich, wenn es um Mehrheiten und Machterhalt ging, allenfalls in Einzelfällen als »Neoliberalismus light« präsentierte.[2]

Um zu den anfangs zitierten Lobgesängen zurückzukehren: Es hat, wie erläutert, in der Ära Merkel auch Fortschritte gegeben. Aber im Angesicht der Gesamtbilanz erscheint es geradezu skurril, wie ein berühmter Schriftsteller sich zu einer vor Untertänigkeit und eine Politikerin auf »Schönheit« reduzierenden Lobes-, ja Liebeshymne auf die scheidende Kanzlerin versteigt:

»Instinkt und Erfahrung haben mich zum Verehrer dieser Politikerin gemacht«, schrieb Martin Walser am 10. November 2018 im *Spiegel*, und:

Den unvermeidlichen Kompromiss erlebt und formuliert sie mit der gleichen Gelassenheit, wie sie vorher ihren eigenen Standpunkt erlebte und uns erleben ließ, wie sie ihn erlebte. Die unvergleichliche Glaubwürdigkeit dieser Merkel-Momente kommt daher, dass sie handelt wie ohne Willensanteil. (…) In Wirklichkeit handelt, entscheidet sie ununterbrochen. Die drastisch sinkende Zahl der Arbeitslosen zeigt deutlich genug, dass sie erfolgreich ist. Ob Klimawandel oder die gesellschaftliche Modernisierung, das schöne Merkel-Gesicht bleibt so ausdrucksscheu wie immer. Sie hat gesagt: Wir schaffen das. Sie hat es geschafft. Da dürfte man doch singen! Oder jubeln! (…) Und nichts ist verführerischer als der Erfolg. Deshalb gebe ich zu: Ich bin verführt. Von ihr und von der stillen Wucht ihrer Schönheit.[3]

Um zum Schluss noch etwas Positives hinzuzufügen: Über diesen Erguss hat wahrscheinlich auch Angela Merkel herzlich gelacht.

Anmerkungen

Die Erbin

1 Frankfurter Rundschau, 8.12.2018.
2 Roland Nelles: »Die Lage am Mittwoch«, Spiegel Online, 5.12.2018, http://www.spiegel.de/politik/deutschland/news-wolfgang-schaeuble-friedrich-merz-dow-jones-donald-trump-china-cia-a-1241712.html, abgerufen am 8.12.2018.
3 Hubertus Volmer: »Die CDU hat Angst vor der Spaltung«, N-TV Online, 7.12.2018, https://www.n-tv.de/politik/Die-CDU-hat-Angst-vor-der-Spaltung-article20759490.html, abgerufen am 8.12.2018.
4 Hans Begerow: »CDU droht tiefe Spaltung«, Nordwest-Zeitung Online, 8.12.2018, https://www.nwzonline.de/politik/hamburg-kommentar-zur-wahl-von-akk-cdu-droht-tiefe-spaltung_a_50,3,1846146201.html, abgerufen am 8.12.2018.
5 Daniel Kirch: »…und dann die Forderung nach Heirat von mehr als zwei Menschen?« Interview mit Annegret Kramp-Karrenbauer, Saarbrücker Zeitung Online, 3.6.2015, https://www.saarbruecker-zeitung.de/politik/themen/und-dann-die-forderung-nach-heirat-von-mehr-als-zwei-menschen_aid-1542981, abgerufen am 8.12.2018.
6 Siehe Robin Alexander: »Frauen haben ein Gespür für Authentizität«, Interview mit Annegret Kramp-Karrenbauer, Welt Online, 27.3.2012, https://www.welt.de/politik/deutschland/article13949633/Frauen-haben-ein-Gespuer-fuer-Authentizitaet.html, abgerufen am 8.12.2018.
7 Thomas Holl: »Kämpferin für die Frauenquote«, faz.net, 22.9.2012, https://www.faz.net/aktuell/politik/inland/saarlaendische-ministerpraesidentin-kaempferin-fuer-die-frauenquote-11898819.html, abgerufen am 8.12.2018.
8 So sprachen sich im Jahr 2011 61 Prozent der Unionswähler für eine flächendeckende Lohnuntergrenze aus. Siehe Deutscher Gewerkschaftsbund: »Umfrage: Anhänger der Union wollen Mindestlohn«, 12.11.2011, https://www.dgb.de/themen/++co++4cb008c6-0c59-11e1-6efc-00188b4dc422, abgerufen am 8.12.2018.
9 Dorothea Siems: »Kramp-Karrenbauer unterstützt rot-grüne Initiative«, Welt Online, 20.2.2013, https://www.welt.de/politik/deutschland/article113762951/Kramp-Karrenbauer-unterstuetzt-rot-gruene-Initiative.html, abgerufen am 8.12.2018.
10 Robin Alexander, a.a.O.
11 »Kramp-Karrenbauer will Bezieher kleiner Renten entlasten«, Spiegel Online, 6.12.2018, http://www.spiegel.de/wirtschaft/soziales/annegret-kramp-karrenbauer-will-bezieher-kleiner-renten-entlasten-a-1242189.html, abgerufen am 9.12.2018.

12 Burkhard Birke, Sebastian Engelbrecht: »Kramp-Karrenbauer fordert höheren Spitzensteuersatz«, Deutschlandfunk Kultur, 23.3.2013, https://www.deutschlandfunkkultur.de/kramp-karrenbauer-fordert-hoeheren-spitzensteuersatz.990.de.html?dram:article_id=241535, abgerufen am 8.12.2018.

13 »Kramp-Karrenbauer: Soli-Abschaffung vorziehen«, faz.net, 28.8.2018, https://www.faz.net/aktuell/wirtschaft/kramp-karrenbauer-soli-abschaffung-vorziehen-15759141.html, abgerufen am 8.12.2018.

14 »Kramp-Karrenbauer will mit Mitbewerbern zusammenarbeiten«, Spiegel Online, 7.11.2018, abgerufen am 8.12.2018.

15 Mehr zu diesem Thema auf S. 21 ff.

16 Jasper von Altenbockum, Johannes Leithäuser, Eckart Lohse: »Straffällige Asylbewerber dürfen nie wieder nach Europa«, Interview mit Annegret Kramp-Karrenbauer, 8.11.2018, https://www.faz.net/social-media/instagram/kramp-karrenbauer-haerte-fuer-straffaellige-asylbewerber-15880956.html?premium, abgerufen am 8.12.2018.

17 »Union streitet über Abschiebungen nach Syrien«, Zeit Online, 20.11.2018, abgerufen am 8.12.2018.

18 »Kramp-Karrenbauer fordert erweiterte Sanktionen«, N-TV, 3.12.s018, https://www.n-tv.de/politik/Kramp-Karrenbauer-fordert-erweiterte-Sanktionen-article20751579.html, abgerufen am 9.12.2018.

19 Katharina Schuler: »Der Mini-Merz«, Zeit Online, 8.12.2018, https://www.zeit.de/politik/deutschland/2018-12/paul-ziemiak-generalsekretaer-cdu-parteitag-junge-union/komplettansicht, abgerufen am 8.12.2018.

Das Erbe

1 »Ein Hoch auf Angela Merkel!« Frankfurter Rundschau, 1.11.2018. S. 18.

2 Jana Hensel: »Mein Angela-Merkel-Gefühl«, Zeit Online, 31.10.2018, https://www.zeit.de/2018/45/bundeskanzlerin-angela-merkel-staatsfrau-abschied/komplettansicht, abgerufen am 2.11.2018.

3 Gerd Schultze-Rhonhof: Offener Brief an Angela Merkel, »Epoch Times«, 9.10.2015, https://www.epochtimes.de/politik/deutschland/2-offener-brief-von-generalmajor-deshalb-muss-merkel-zum-wohl-des-volkes-zuruecktreten-a1275056.html, abgerufen am 3.11.2018.

4 Deutscher Bundestag: Protokoll der Sitzung vom 21.11.2018, http://dip21.bundestag.de/dip21/btp/19/19064.pdf, abgerufen am 28.11.2018, S. 7301f.

5 Andreas Schwarzkopf: »AKK will es wissen«, Frankfurter Rundschau Online, 7.11.2018, http://www.fr.de/politik/meinung/kommentare/annegret-kramp-karrenbauer-akk-will-es-wissen-a-1616923, abgerufen am 9.11.2018.

6 Ben Bolz/Johannes Jolmes: »Merkels Vermächtnis – Wie ihre Gegner sie sehen«, Panorama Online, 8.11.2018, https://daserste.ndr.de/panorama/archiv/2018/Wie-ihre-Gegner-sie-sehen,merkel2998.html, abgerufen am 9.11.2018.

7 Robert Bongen, Johannes Jolmes, Carolin Kock, Anja Reschke: »Merkels Vermächtnis – Wie ihre Gegner sie sehen«, Panorama Online, 8.11.2018, https://daserste.ndr.de/panorama/archiv/2018/Wie-ihre-Freunde-sie-sehen,merkel3012.html, abgerufen am 9.11.2018.

8 Benedikt Schulz: »Wir müssen uns mehr streiten«, Interview mit Wolfgang Merkel, Deutschlandfunk, 10.9.2017, https://www.deutschlandfunk.de/

politikwissenschaftler-wolfgang-merkel-wir-muessen-uns-mehr.694.
de.html?dram:article_id=395529, abgerufen am 28.11.2018

9 Siehe den Abschnitt »Wählerwanderungen« in tagesschau.de:
Bundestagswahl 2017, Deutschland, https://wahl.tagesschau.de/
wahlen/2017-09-24-BT-DE/, abgerufen am 12.11.2018.

10 Arno Widmann: »Ganz neu nachdenken über Form und Funktion«,
Frankfurter Rundschau Online, 12.11.2018, http://www.fr.de/kultur/
stadtentwicklung-ganz-neu-nachdenken-ueber-form-und-
funktion-a-1618078, abgerufen am 12.11.2018.

11 »Im Wortlaut: Sommerpressekonferenz von Bundeskanzlerin Merkel«,
https://www.bundeskanzlerin.de/bkin-de/aktuelles/
sommerpressekonferenz-von-bundeskanzlerin-merkel-848300, abgerufen
am 12.11.2018.

12 Siehe zum Beispiel Wolfgang Wichmann: »20 Milliarden Euro für
Flüchtlinge«, tagesschau.de, 30.5.2018, https://faktenfinder.tagesschau.
de/inland/kosten-bund-fluechtlinge-101.html, abgerufen am 13.11.2018.
Hier finden sich auch die erwähnten Zahlen.

13 Mehr zu den positiven Effekten in: Stephan Hebel: Mutter Blamage und
die Brandstifter, Westend Verlag, Frankfurt am Main 2017, S. 89f.

14 Die Koalition hat demgegenüber zwar »einen verlässlichen Status
Geduldeter« versprochen. Aber im Klartext bedeutet das gerade nicht, dass
der unsichere Status der »Duldung« durch einen sicheren Aufenthaltstitel
ersetzt wird. Die Unionsparteien hatten sich gegen einen solchen, echten
»Spurwechsel« gewehrt. Siehe »Das Eckpunktepapier zur
Fachkräftezuwanderung im Wortlaut«, Hannoversche Allgemeine Online,
2.10.2018, http://www.haz.de/Nachrichten/Politik/Deutschland-Welt/
Das-Eckpunktepapier-zur-Fachkraeftezuwanderung-im-Wortlaut,
abgerufen am 14.11.2018 .

15 Jens Borchers: »Migration wird zur politischen Währung«,
Deutschlandfunk, 15.8.2018, https://www.deutschlandfunk.de/nigers-
praesident-bei-merkel-migration-wird-zur-politischen.1773.
de.html?dram:article_id=425485, abgerufen am 14.11.2018.

16 Algerien schiebt ab: Migranten in der Sahara ausgesetzt? Tagesschau.de,
25.6.2018, https://www.tagesschau.de/ausland/algerien-sahara-101.
html, abgerufen am 14.11.2018.

17 Fabian Goldmann: »Sind Marokko, Algerien und Tunesien sichere
Herkunftsländer?« Telepolis, 21.7.2018, https://www.heise.de/tp/
features/Sind-Marokko-Algerien-und-Tunesien-sichere-
Herkunftslaender-4117576.html?seite=all, abgerufen am 14.11.2018.

18 Stefan Heinlein: »Mihalic: Ankerzentren der völlig falsche Weg«,
Deutschlandfunk, 3.5.2018, https://www.deutschlandfunk.de/ellwangen-
mihalic-ankerzentren-der-voellig-falsche-weg.694.de.html?dram:article_
id=417168, abgerufen am 14.11.2018.

19 Wolfgang Wanner: »So viele Flüchtlinge wie noch nie«, tagesschau.de,
19.6.2018, https://www.tagesschau.de/ausland/unhcr-jahresbericht-103.
html, abgerufen am 14.11.2018.

20 UNHCR Deutschland: Statistiken, http://www.unhcr.org/dach/de/
services/statistiken, abgerufen am 14.11.2018.

21 UNHCR Deutschland: »Deutschland als Partner«, http://www.unhcr.org/
dach/de/ueber-uns/deutschland-als-partner, abgerufen am 14.11.2018.

22 »Rückführung, Rückführung und nochmals Rückführung«, Die Welt
Online, 1.9.2016, https://www.welt.de/politik/deutschland/

article157927543/Rueckfuehrung-Rueckfuehrung-und-nochmals-Rueckfuehrung.html, abgerufen am 14.11.2018.

23 Bayerischer Flüchtlingsrat: »Abschiebung wider alle Vernunft und Menschlichkeit«, 14.11.2018, https://www.fluechtlingsrat-bayern.de/beitrag/items/abschiebung-wider-aller-vernunft-und-menschlichkeit.html, abgerufen am 14.11.2018.

24 Ben Bolz, Robert Bongen, Pia Lenz, Anna Orth: »Seehofers 69 Afghanen: Keineswegs nur Kriminelle«, Panorama Online, 19.7.2018, https://daserste.ndr.de/panorama/archiv/2018/Seehofers-69-Afghanen-keineswegs-nur-Kriminelle,abschiebung824.html, abgerufen am 16.11.2018.

25 Amnesty International: »Abschiebungsflug nach Afghanistan stoppen«, https://www.amnesty.de/informieren/aktuell/deutschland-abschiebungsflug-nach-afghanistan-stoppen, abgerufen am 16.11.2018.

26 »Merkel will Abschiebestopp nach Afghanistan komplett aufheben«, Zeit Online, 6.6.2018, https://www.zeit.de/politik/deutschland/2018-06/asyllagebericht-abschiebestopp-afghanistan-aufhebung-angela-merkel, abgerufen am 16.11.2018.

27 Bundesamt für Migration und Flüchtlinge: »Aktuelle Zahlen zu Asyl«, Ausgabe September 2018, http://www.bamf.de/SharedDocs/Anlagen/DE/Downloads/Infothek/Statistik/Asyl/aktuelle-zahlen-zu-asyl-september-2018.html?nn=7952222, abgerufen am 15.11.2018, S. 3.

28 A.a.O., S. 4.

29 Diese These wird im zweiten Teil dieses Buches an einer Reihe von Beispielen im Einzelnen zu belegen sein. Siehe Seiten 52 ff.

30 Ausführlich dazu: Stephan Hebel: Mutter Blamage und die Brandstifter, a.a.O., S. 210 ff.

31 Siehe dazu Ann-Kathrin Büüsker: »Endlich wird etwas getan für die Langzeitarbeitslosen«, Interview mit dem Hauptgeschäftsführer des Paritätischen Gesamtverbands, Ulrich Schneider, Deutschlandfunk, 8.11.2018, https://www.deutschlandfunk.de/teilhabechancen-gesetz-endlich-wird-etwas-getan-fuer-die.694.de.html?dram:article_id=432657, abgerufen am 10.11.2018.

32 »CDU diskutiert über Rückkehr zur Wehrpflicht«, Süddeutsche Zeitung Online, 4.8.2018, https://www.sueddeutsche.de/politik/bundeswehr-cdu-diskutiert-ueber-rueckkehr-der-wehrpflicht-1.4081756, abgerufen am 15.11.2018.

33 »Neue Strategie für die Bundeswehr?« tagesschau.de, 4.5.2018, https://www.tagesschau.de/inland/bundeswehr-strategie-101.html, abgerufen am 15.11.2018.

34 Bundesregierung: »Regierungserklärung von Bundeskanzlerin Angela Merkel zur Energiepolitik«, 9.6.2011, https://archiv.bundesregierung.de/archiv-de/regierungserklaerung-von-bundeskanzlerin-angela-merkel-zur-energiepolitik-der-weg-zur-energie-der-zukunft-mitschrift--1008262, abgerufen am 15.11.2018.

35 Siehe zum Beispiel »Deutsche wenden sich radikal von der Atomkraft ab«, Spiegel Online, 15.3.2011, http://www.spiegel.de/panorama/umfragen-deutsche-wenden-sich-radikal-von-der-atomkraft-ab-a-750955.html, abgerufen am 15.11.2018.

36 »Merkel offen für ‚Ehe für alle'«, faz.net, 26.6.2017, http://www.faz.net/aktuell/politik/bundestagswahl/bundeskanzlerin-bei-brigitte-merkel-offen-fuer-ehe-fuer-alle-15078986.html, abgerufen am 16.11.2018.

37 Grundgesetz für die Bundesrepublik Deutschland, Art. 38, https://www.gesetze-im-internet.de/gg/art_38.html, abgerufen am 16.11.2018.

38 Presse- und Informationsamt der Bundesregierung: Mitschrift der Pressekonferenz vom 1.9.2018, https://archiv.bundesregierung.de/archiv-de/dokumente/pressestatements-von-bundeskanzlerin-angela-merkel-und-dem-ministerpraesidenten-der-republik-portugal-pedro-passos-coelho-848964, abgerufen am 10.11.2018.

39 »Durchbruch ist noch nicht gelungen«, Spiegel Online, 17.10.2018, http://www.spiegel.de/politik/deutschland/angela-merkel-kanzlerin-sieht-weiterhin-keinen-durchbruch-beim-brexit-a-1233743.html, abgerufen am 16.11.2018.

40 Siehe zum Beispiel »Das Ende der Griechenland-Rettung«, Frankfurter Rundschau Online, 22.6.2018, http://www.fr.de/wirtschaft/eu-das-ende-der-griechenland-rettung-a-1530166, abgerufen am 16.11.2018.

41 Jörg Münchenberg: »Ich hoffe, dass der Dialog mit Italien hilft«, Interview mit Manfred Weber, Deutschlandfunk, 13.11.2018, https://www.deutschlandfunk.de/haushaltsstreit-zwischen-rom-und-bruessel-ich-hoffe-dass.694.de.html?dram:article_id=433053, abgerufen am 16.11.2018.

42 Universität Duisburg-Essen: IAQ-Studie: »Niedriglohnbeschäftigung weiter hoch«, Informationsdienst Wissenschaft, 12.11.2018, https://idw-online.de/de/news705791, abgerufen am 17.11.2018.

43 Karl Brenke, Alexander S. Kritikos: »Niedrige Stundenverdienste hinken bei der Lohentwicklung nicht mehr hinterher«, DIW-Wochenbericht 21/2017, https://www.diw.de/documents/publikationen/73/diw_01.c.558945.de/17-21.pdf, abgerufen am 11.11.2018.

44 »Merkel will Autoindustrie mit neuen CO_2-Grenzwerten nicht überfordern«, faz.net, 25.9.2018, http://www.faz.net/aktuell/wirtschaft/diesel-affaere/merkel-will-autoindustrie-beim-co2-nicht-ueberfordern-15805867.html, abgerufen am 16.11.2018.

45 »Angela Merkel hält CO_2-Kompromiss der EU für tragbar«, Zeit Online, 10.10.2018, https://www.zeit.de/mobilitaet/2018-10/emissionen-neuwagen-co2-grenzwerte-kompromiss-eu-kritik, abgerufen am 16.11.2018.

46 »Bunde schreibt neuen Grenzwert fest, um Fahrverbote zu vermeiden«, faz.net, 15.11.2018, http://www.faz.net/aktuell/wirtschaft/diesel-affaere/bund-schreibt-neuen-grenzwert-fest-um-fahrverbote-zu-vermeiden-15892156.html, abgerufen am 17.11.2018.

47 Donata Riedel: »Die Reichen werden immer reicher«, Handelsblatt Online, 16.1.2018, https://www.handelsblatt.com/politik/deutschland/einkommen-in-deutschland-die-reichen-werden-immer-reicher/20852252.html?ticket=ST-565681-RKClxcwJBVG6QckYc2xY-ap4, abgerufen am 28.11.2018.

48 Siehe zum Beispiel Stefan Heinlein: »Die deutsche Verkehrsinfrastruktur ist miserabel«, Interview mit DIW-Chef Marcel Fratzscher, Deutschlandfunk, 15.8.2018, https://www.deutschlandfunk.de/zustand-von-bruecken-und-strassen-die-deutsche.694.de.html?dram:article_id=425529, abgerufen am 16.11.2018, und: »Deutschland muss 1,4 Billionen Euro investieren, manager magazin Online, 14.6.2018, http://www.manager-magazin.de/politik/europa/investitionen-deutschland-muss-laut-ey-studie-1-4-billionen-euro-ausgeben-a-1212871.html, abgerufen am 16.11.2018.

49 Siehe dazu den Abschnitt »Wohnungspolitik«, S. 100 f.

50 Siehe Alexander Göbel: »Ghanas Bauern leiden unter Geflügel-Importen«, Deutschlandfunk, 14.11.2018, https://www.deutschlandfunk.de/das-globale-huhn-ghanas-bauern-leiden-unter-gefluegel.766.de.html?dram:article_id=433177, abgerufen am 17.11.2018.

51 Matthias Gebauer, Gerald trauffetter: »Regierung genehmigt neue Waffen-Deals mit Saudi-Arabien«, Spiegel Online, 19.9.2018, http://www.spiegel.de/politik/deutschland/ruestung-bundesregierung-genehmigt-neue-waffen-deals-mit-saudi-arabien-a-1229003.html, abgerufen am 16.11.2018.

52 Matthias Gebauer: »Lieferstopp nach Saudi-Arabien gilt nur für zwei Monate«, Spiegel Online, 23.11.2018, http://www.spiegel.de/politik/ausland/ruestungsexporte-deutscher-lieferstopp-nach-saudi-arabien-gilt-nur-temporaer-a-1240039.html, abgerufen am 29.11.2018.

53 »Säbelrasseln im Baltikum«, Spiegel Online, 3.6.2018, http://www.spiegel.de/politik/ausland/nato-manoever-saber-strike-saebelrasseln-im-baltikum-a-1210937.html, abgerufen am 16.11.2018.

54 Nadine Lindner: »Hessischer Denkzettel beschäftigt Bundespolitik«, Deutschlandfunk, 29.10.2018, https://www.deutschlandfunk.de/grosse-koalition-hessischer-denkzettel-beschaeftigt.1773.de.html?dram:article_id=431739, abgerufen am 7.11.2018.

55 »Nahles legt Forderungskatalog für Große Koalition vor«, Handelsblatt Online, 29.10.2018, https://www.handelsblatt.com/politik/deutschland/spd-nahles-legt-forderungskatalog-fuer-grosse-koalition-vor/23242722.html?ticket=ST-3469404-6a9dgtM5MDEcnTo09901-ap5, abgerufen am 7.11.2018.

56 Ellen Ehni: »Union und SPD schwach wie noch nie«, tagesschau.de, 11.10.2018, https://www.tagesschau.de/inland/deutschlandtrend/, abgerufen am 2.11.2018.

57 Bei der Bundestagswahl 2017 gab es 46,5 Millionen gültige Zweitstimmen. Siehe Bundeswahlleiter: Bundestagswahl 2017, Tabelle: Erststimmen und Zweitstimmen, https://www.bundeswahlleiter.de/bundestagswahlen/2017/ergebnisse/bund-99.html, abgerufen am 2.11.2018. Die Mitgliederzahl der CDU lag im Jahr 2017 bei gut 427.000, das sind 0,92 Prozent der Wählerinnen und Wähler bei der Bundestagswahl (siehe »Alle Parteien gewinnen – nur nicht die Union«, Spiegel Online, 29.12.2017, http://www.spiegel.de/politik/deutschland/unionsparteien-verlieren-als-einzige-mitglieder-a-1185418.html, abgerufen am 2.11.2018) .

58 »Merkel soll gehen, Merkel soll bleiben: Die Deutschen sind gespalten«, Focus Online, 1.11.2018, https://www.focus.de/magazin/kurzfassungen/focus-45-2018-merkel-soll-gehen-merkel-soll-bleiben-die-deutschen-sind-gespalten_id_9839024.html, abgerufen am 2.11.2018.

59 Ellen Ehni, a.a.O.

60 Bei der Landtagswahl in Sachsen-Anhalt erhielten CDU und SPD erstmals zu wenige Stimmen, um eine Mehrheits-Koalition bilden zu können, und mussten die Grünen mit in die Regierung holen. Siehe Wikipedia: »Landtagswahl in Sachsen-Anhalt 2016«, https://de.wikipedia.org/wiki/Landtagswahl_in_Sachsen-Anhalt_2016, abgerufen am 6.11.2018. In Hessen war die »große Koalition« rechnerisch zwar noch möglich, allerdings – wie Schwarz-Grün auch – mit einem Vorsprung von nur einer Stimme im Landtag. Ebenfalls nur eine Stimme Mehrheit ergab sich für die rechnerisch ebenfalls mögliche »Grüne Ampel« aus Grünen, SPD und FDP.

Siehe Wikipedia: »Landtagswahl in Hessen 2018«, https://de.wikipedia.
org/wiki/Landtagswahl_in_Hessen_2018, abgerufen am 6.11.2018.

61 »CDU-Fraktionschef Hartmann schließt künftige Koalition mit AfD nicht
aus«, MDR Online, 26.9.2018, https://www.mdr.de/sachsen/hartmann-
fraktionsvorsitzender-cdu-afd-100.html, abgerufen am 7.11.2018.

62 Ebd.

63 Jakob Augstein: »Entsetzen und Erkenntnis«, der Freitag Online,
4.10.2018, https://www.freitag.de/autoren/jaugstein/entsetzen-und-
erkenntnis, abgerufen am 7.11.2018.

64 Isolde Charim u.a.: »Einspruch«, der Freitag Online, 15.10. 2018, https://
www.freitag.de/autoren/der-freitag/einspruch-2, abgerufen am
7.11.2018.

65 Jakob Augstein: »Das große Klammern«, der Freitag Online, 1.11.2018,
https://www.freitag.de/autoren/jaugstein/das-grosse-klammern,
abgerufen am 2.11.2018.

66 Ellen Ehni, a.a.O.

Arbeit und Arbeitslosigkeit

1 Als »Erwerbsfähige Leistungsberechtigte« gelten nach dem
Sozialgesetzbuch II alle Personen, die mindestens 15 Jahre alt sind und
mindestens drei Stunden am Tag arbeiten können. Siehe Wikipedia:
»Erwerbsfähiger Leistungsberechtigter«, https://de.wikipedia.org/wiki/
Erwerbsf%C3%A4higer_Leistungsberechtigter, abgerufen am 24.11.2018.

2 Bundesagentur für Arbeit: »Grundsicherung für Arbeitsuchende auf einen
Blick«, Oktober 2018, https://statistik.arbeitsagentur.de/Statistikdaten/
Detail/Aktuell/arbeitsmarktberichte/flyer-sgbii/flyer-sgbii-d-0-pdf.pdf,
abgerufen am 24.11.2018 – Oktober 2018«, https://statistik.
arbeitsagentur.de/Navigation/Statistik/Statistik-nach-Themen/
Grundsicherung-fuer-Arbeitsuchende-SGBII/Grundsicherung-fuer-
Arbeitsuchende-SGBII-Nav.html, abgerufen am 24.11.2018.

3 Alle Angaben aus Bundesagentur für Arbeit: »Der Arbeitsmarkt im Jahr
2017«, Juli 2018, https://statistik.arbeitsagentur.de/Statistikdaten/
Detail/201712/ama/heft-arbeitsmarkt/arbeitsmarkt-d-0-201712-pdf.pdf,
abgerufen am 24.11.2018, S. 17.

4 Deutscher Bundestag: Protokoll der Sitzung vom 21.11.2018, abgerufen
am 25.11.2018, http://dipbt.bundestag.de/doc/btp/19/19064.pdf,
S. 7297.

5 Dietmar Brenke: »Starker Rückgang der Arbeitslosen, aber nicht der
Hilfebedürftigen«, DIW-Wochenbericht 34/2018, 22.8.2018, https://
www.diw.de/documents/publikationen/73/diw_01.c.596505.de/18-
34-1.pdfam 25.11.2018 , S. 723.

6 Robert Habeck: »Anreiz statt Sanktionen, bedarfsgerecht und
bedingungslos«, 14.11.2018, https://www.gruene.de/ueber-uns/2018/
impulse-debattenbeitraege-zum-grundsatzprogramm/anreiz-statt-
sanktionen-bedarfsgerecht-und-bedingungslos.html, abgerufen am
26.11.2018

7 Sozialgesetzbuch II, Paragraf 53a, Abs. 2, https://dejure.org/gesetze/
SGB_II/53a.html, abgerufen am 26.11.2018.

8 Dietmar Brenke, a.a.O., S. 722.

9 Deutscher Gewerkschaftsbund/Hans-Böckler-Stiftung: »Atlas der Arbeit«,
Mai 2018, https://www.dgb.de/++co++bf7e3e4a-51c1-11e8-b5ad-
52540088cada, abgerufen am 25.11.2018, S. 14f.

10 Ebd.

11 Siehe »Empfängerinnen und Empfänger von sozialen Mindestsicherungsleistungen nach Leistungssystemen und Ländern am Jahresende 2006 bis 2017«, http://www.amtliche-sozialberichterstattung. de/Tabellen_Excel/B1.3.xlsx, abgerufen am 24.11.2018.

12 Dietmar Brenke, a.a.O., S. 721.

13 »Empfängerinnen und Empfänger von sozialen Mindestleistungen ...«, a.a.O.

14 »Wir werden Hartz IV hinter uns lassen«, spd.de, 10.11.2018, https:// www.spd.de/aktuelles/detail/news/wir-werden-hartz-iv-hinter-uns-lassen/10/11/2018/, abgerufen am 26.11.2018.

15 Andrea Nahles: »Für eine große Sozialstaatsreform«, FAZ, 17.11.2018.

16 »Sigmar Gabriel widerspricht Andrea Nahles«, faz.net, 21.11.2018, http:// www.faz.net/aktuell/politik/inland/hartz-iv-sigmar-gabriel-widerspricht-spd-vorsitzender-andrea-nahles-15902110.html, abgerufen am 26.11.2018..

17 Siehe »Bundestag beschließt Teilhabechancengesetz«, juris.de, 9.11.2018, https://www.juris.de/jportal/portal/page/homerl.psml?nid=jnachr-JUN A181103299&cmsuri=%2Fjuris%2Fde%2Fnachrichten%2Fzeigenachri cht.jsp, abgerufen am 26.11.2018.

18 Zur Kritik an dem Gesetz siehe z.B. Ann-Kathrin Büüsker: »Endlich wird etwas getan für die Langzeitarbeitslosen«, Interview mit Ulrich Schneider, Deutschlandfunk, 8.11.2018, https://www.deutschlandfunk.de/ teilhabechancen-gesetz-endlich-wird-etwas-getan-fuer-die.694. de.html?dram:article_id=432657, abgerufen am 26.11.2018.

19 Karl Brenke, Alexander S. Kritikos: »Niedrige Stundenverdienste hinken bei der Lohnentwicklung nicht mehr hinterher«, DIW-Wochenbericht Nr. 21/2017, 24.5.2017, https://www.diw.de/documents/ publikationen/73/diw_01.c.558945.de/17-21.pdf, abgerufen am 26.11.2018, S. 407.A.a.O., S. 408 (Tabelle).

20 Rede vor dem World Economic Forum in Davos, 28.1.2005, http://www. gewerkschaft-von-unten.de/Rede_Davos.pdf, abgerufen am 26.11.2018.

Bildung

1 Siehe Seiten 86 ff.

2 »Merkel ruft ‚Bildungsrepublik' aus«, Faz.net, 12.6.2008, http://www.faz. net/aktuell/politik/inland/nationaler-bildungsbericht-merkel-ruft-bildungsrepublik-aus-1545858.html, abgerufen am 27.11.2018.

3 Autorengruppe Bildungsberichterstattung: »Bildung in Deutschland 2018«, https://www.bildungsbericht.de/de/bildungsberichte-seit-2006/ bildungsbericht-2018/pdf-bildungsbericht-2018/bildungsbericht-2018. pdf, abgerufen am 27.11.2018, S. 264f.

4 Statistisches Bundesamt: »Bildungsfinanzbericht 2017«, Wiesbaden 2017, https://www.destatis.de/DE/Publikationen/Thematisch/ BildungForschungKultur/BildungKulturFinanzen/Bildungsfinanzbericht. html, abgerufen am 29.11.2018, S. 36f.

5 Siehe die Grafik »Höhe der gesamten öffentlichen Bildungsausgaben in Deutschland von 1995 bis 2017.

6 »Deutsche Schulen sollen digitaler werden«, faz.net, 23.11.2018 http:// www.faz.net/aktuell/wirtschaft/diginomics/grundgesetzaenderung-geplant-deutsche-schulen-sollen-digitaler-werden-15905605.html, abgerufen am 29.11.2018.

7 OECD: »Bildung auf einen Blick 2018«, https://www.oecd-ilibrary.org/bildung-auf-einen-blick-2018_5j8lh9bbx543.pdf?itemId=%2Fcontent%2Fpublication%2F6001821lw&mimeType=pdf, abgerufen am 28.11.2018, S. 333 und 343.

8 Markus Dichmann: »Sozial schwache Schüler ›doppelt benachteiligt‹«, Deutschlandfunk, 23.10.2018, https://www.deutschlandfunk.de/oecd-studie-zur-bildung-in-deutschland-sozial-schwache.680.de.html?dram:article_id=431260, abgerufen am 28.11.2018.

9 »Bildung bleibt eine Frage der Herkunft«, tagesschau.de, 11.9.2018, https://www.tagesschau.de/inland/oecd-bildungsstudie-101.html, abgerufen am 28.11.2018.

10 OECD: »Mehr Anstrengungen nötig, um Chancengleichheit in der Bildung zu erhöhen«, Pressemitteilung vom 11.9.2018, http://www.oecd.org/berlin/presse/mehr-anstrengungen-noetig-um-chancengleichheit-in-der-bildung-zu-erhoehen-11092018.htm, abgerufen am 28.11.2018.

11 »Bildung in Deutschland«, a.a.O., S. 53.

12 OECD, Pressemitteilung, a.a.O.

13 Zuletzt beispielsweise in Sachsen. Siehe »Neues Bündnis will Gemeinschaftsschule in Sachsen einführen«, MDR Online, 29.8.2018, https://www.mdr.de/sachsen/gruendung-buendnis-gemeinschaftsschule-100.html, abgerufen am 29.11.2018.

Frauen und Familie

1 »Gemeinsam für Deutschland – Mit Mut und Menschlichkeit«, a.a.O., S. 102.

2 Bundesministerium für Familie, Senioren, Frauen und Jugend: »Entgeltungleichheit zwischen Frauen und Männern in Deutschland«, Berlin, Juni 2009, https://www.bmfsfj.de/blob/jump/93658/entgeltungleichheit-dossier-data.pdf, S. 4.

3 Statistisches Bundesamt: »Verdienstunterschied zwischen Männern und Frauen«, https://www.destatis.de/DE/ZahlenFakten/GesamtwirtschaftUmwelt/VerdiensteArbeitskosten/VerdiensteVerdienstunterschiede/Tabellen/UGPG_05_OEDPrivat.html, abgerufen am 6.12.2018.

4 Siehe Andrej Reisin: »Wie hoch ist der Gender Pay Gap wirklich?« tagesschau.de, 15.3.2018, https://faktenfinder.tagesschau.de/inland/genderpaygap-103.html, abgerufen am 6.12.2018.

5 Statistisches Bundesamt: »Drei Viertel des Gender Pay Gap lassen sich mit Strukturunterschieden erklären«, Pressemitteilung vom 14.3.2017, https://www.destatis.de/DE/PresseService/Presse/Pressemitteilungen/2017/03/PD17_094_621.html, abgerufen am 6.12.2018.

6 Bundesministerium für Familie, Senioren, Frauen und Jugend: »Zweiter Gleichstellungsbericht der Bundesregierung. Eine Zusammenfassung«, 8.3.2018, https://www.bmfsfj.de/blob/jump/122398/zweiter-gleichstellungsbericht-der-bundesregierung-eine-zusammenfassung-data.pdf, abgerufen am 6.12.2018, S. 11f.

7 Gleichstellungsbericht, a.a.O., S. 44.

8 Bundesministerium für Familie, Senioren, Frauen und Jugend: »Lohnungleichheit«, 6.1.2018, https://www.bmfsfj.de/bmfsfj/themen/gleichstellung/frauen-und-arbeitswelt/lohngerechtigkeit, abgerufen am 6.12.2018.

9 Statistisches Bundesamt: »Kinder und tätige Personen in Tageseinrichtungen und in öffentlich geförderter Kindertagespflege am 01.03.2018«, 17.10.2018, https://www.destatis.de/DE/Publikationen/Thematisch/Soziales/KinderJugendhilfe/TageseinrichtungenKindertagespflege5225402187004.pdf?__blob=publicationFile, abgerufen am 6.12.2018, S. 105f.

10 Bundesministerium für Familie, Senioren, Frauen und Jugend: »Quote für mehr Frauen in Führungspositionen: Privatwirtschaft«, 5.5.2017, https://www.bmfsfj.de/bmfsfj/themen/gleichstellung/frauen-und-arbeitswelt/quote-privatwirtschaft/quote-fuer-mehr-frauen-in-fuehrungsposiionen--privatwirtschaft/78562?view=DEFAULT, abgerufen am 6.12.2018

11 »Mehr weibliche Aufsichtsräte«, Zeit Online, 10.1.2018, https://www.zeit.de/wirtschaft/unternehmen/2018-01/frauenquote-aufsichtsraete-gleichberechtigung-deutsches-institut-wirtschaftsforschung, abgerufen am 6.12.2018.

12 Eric Bonse: »Merkels fehlendes Engagement«, taz Online, 7.12.2015, http://www.taz.de/!5258448/, abgerufen am 6.12.2018.

13 Siehe Bundesministerium: »Lohnungleichheit«, a.a.O.

14 Bundestagsfraktion Bündnis 90/Die Grünen: »Frauen haben den gleichen Lohn verdient«, 18.3.2017, https://www.gruene-bundestag.de/frauen/frauen-haben-den-gleichen-lohn-verdient-18-03-2017.html, abgerufen am 6.12.2018.

15 Cerstin Gammelin: »Frauenrechte sind für Merkel keine Herzensangelegenheit«, Süddeutsche Zeitung Online, 8.9.2017, https://www.sueddeutsche.de/wirtschaft/frauenfoerderung-frauenrechte-sind-fuer-merkel-keine-herzensangelegenheit-1.3656516, abgerufen am 6.12.2018.

Gesundheit

1 Statistisches Bundesamt: »Gesundheitsausgaben pro Tag überschreiten Milliardengrenze«, 15.2.2018, https://www.destatis.de/DE/PresseService/Presse/Pressemitteilungen/2018/02/PD18_050_23611.html, abgerufen am 27.11.2018.

2 Statistisches Bundesamt: »Gesundheitsausgaben 2005 um 2,4% gestiegen«, 23.4.2017, https://www.presseportal.de/pm/32102/974131, abgerufen am 27.11.2018.

3 Bundesministerium für Gesundheit: »Gesetze und Verordnungen der 18. Legislaturperiode«, https://www.bundesgesundheitsministerium.de/service/gesetze-und-verordnungen/guv-18-lp.html, abgerufen am 27.11.2018.

4 Siehe Wikipedia: »Gesundheitsprämie«, https://de.wikipedia.org/wiki/Gesundheitspr%C3%A4mie, abgerufen am 27.11.2018.

5 Siehe z.B. Timot Szent-Ivanyi: »Halbe-halbe ist nur fair«, Frankfurter Rundschau Online, 7.6.2018, http://www.fr.de/wirtschaft/paritaetische-finanzierung-halbe-halbe-ist-nur-fair-a-1519833, abgerufen am 27.11.2018.

6 Gesundheitsberichterstattung des Bundes: »Finanzierung der Gesundheitsausgaben in Deutschland«, http://www.gbe-bund.de/oowa921-install/servlet/oowa/aw92/dboowasys921.xwdevkit/xwd_init?gbe.isgbetol/xs_start_neu/&p_aid=i&p_aid=99799861&nummer=69&p_sprache=D&p_indsp=-&p_aid=72815034, abgerufen am 27.11.2018.

7 »Deutsche sind gesund, zufrieden, optimistisch«, Ärzte Zeitung Online, 4.12.2017, https://www.aerztezeitung.de/politik_gesellschaft/ gesundheitswirtschaft/article/948735/deutscher-gesundheitsmonitor-des-bah-deutsche-gesund-zufrieden-optimistisch.html, abgerufen am 27.11.2018.

8 Gesundheitsberichterstattung des Bundes: »Krankenhäuser und Vorsorge-oder Rehabilitationseinrichtungen«, 2005, http://www.gbe-bund.de/ oowa921-install/servlet/oowa/aw92/WS0100/_XWD_ FORMPROC?TARGET=&PAGE=_XWD_2&OPINDEX=1&HANDLER=_ XWD_CUBE.SETPGS&DATACUBE=_XWD_30&D.000=3727, abgerufen am 27.11.2018.

9 Gesundheitsberichterstattung des Bundes: »Krankenhäuser und Vorsorge-oder Rehabilitationseinrichtungen«, 2017, http://www.gbe-bund.de/ oowa921-install/servlet/oowa/aw92/WS0100/_XWD_PROC?_XWD_2/4/ XWD_CUBE.DRILL/_XWD_30/D.922/28066, abgerufen am 27.11.2018.

10 Bernd Hontschik: »Totalschaden«, Frankfurter Rundschau Online, 18.11.2018, http://www.fr.de/wissen/gesundheit/hontschik/dr-hontschiks-diagnose-totalschaden-a-1622424, abgerufen am 27.11.2018.

11 »Die allgemeine Gesundheit von Kindern und Jugendlichen in Deutschland«, in: Journal of Health Monitoring, Ausgabe 1, März 2018, https://www.rki.de/DE/Content/Gesundheitsmonitoring/ Gesundheitsberichterstattung/GBEDownloadsJ/Journal-of-Health-Monitoring_01_2018_KiGGS-Welle2_erste_Ergebnisse.pdf?__ blob=publicationFile, abgerufen am 27.11.2018, S. 10f.

12 »Soziale Unterschiede im Gesundheitszustand von Kindern und Jugendlichen in Deutschland«, Journal of Health Monitoring N3. 3/ September 2018, https://www.rki.de/DE/Content/ Gesundheitsmonitoring/Gesundheitsberichterstattung/GBEDownloadsJ/ Focus/JoHM_03_2018_Soziale_Unterschiede_KiGGS-Welle2.pdf?__ blob=publicationFile, abgerufen am 27.11.2018, S. 26f.

13 »Immer mehr junge Menschen sind psychisch krank«, aerzteblatt.de, 24.10.2018, https://www.aerzteblatt.de/nachrichten/98725/Immer-mehr-junge-Menschen-sind-psychisch-krank, abgerufen am 27.11.2018.

14 Stefan Sauer: »Armut macht Kinder krank«, Frankfurter Rundschau Online, 21.4.2018, http://www.fr.de/wirtschaft/hartz-iv-armut-macht-kinder-krank-a-1490788, abgerufen am 27.11.2018.

15 Ebd.

16 Siehe Katharina Schuler: »Mehr Geld und mehr Zwang«, Zeit Online, 1.8.2018, https://www.zeit.de/politik/deutschland/2018-07/ pflegepersonal-staerkungsgesetz-pflegekraefte-klinik-jens-spahn/ komplettansicht, abgerufen am 27.11.2018.

17 Ebd.

Innere Sicherheit

1 Bundesregierung: »Regierungserklärung von Bundeskanzlerin Dr. Angela Merkel«, 30.11.2005, https://www.bundesregierung.de/breg-de/service/ bulletin/regierungserklaerung-von-bundeskanzlerin-dr-angela-merkel-795782, abgerufen am 4.12.2018.

2 Ebd.

3 »Deutsche Sicherungsverwahrung rechtens«, tagesschau.de, 4.12.2018, abgerufen am 4.12.2018.

4 Ebd.

5 Siehe z.B. Thorsten Jungholt: »Deutschland muss jetzt therapieren statt wegsperren«, Welt Online, 4.5.2011, https://www.welt.de/politik/deutschland/article13341342/Deutschland-muss-jetzt-therapieren-statt-wegsperren.html, abgerufen am 4.12.2018.

6 Bundesregierung, a.a.O.

7 Wolfgang Janisch: »Darf das BKA spitzeln und schnüffeln wie ein Geheimdienst?«, Süddeutsche Zeitung Online, 20.4.2016, https://www.sueddeutsche.de/digital/bka-gesetz-zwischen-sicherheit-und-freiheit-1.2954911, abgerufen am 4.12.2018.

8 »BKA-Gesetz ist teilweise verfassungswidrig«, Zeit Online, 20.4.2016, https://www.zeit.de/digital/2016-04/bka-gesetz-zu-terrorbekaempfung-ist-teilweise-verfassungswidrig, abgerufen am 4.12.2018.

9 Ronen Steinke: »Wie ein neues Gesetz das BKA mächtiger macht«, Süddeutsche Zeitung Online, 25.5.2018, https://www.sueddeutsche.de/politik/bundeskriminalamt-wie-ein-neues-gesetz-das-bka-maechtiger-macht-1.3991246, abgerufen am 4.12.2018.

10 In Merkels Amtszeit wuchsen sie zwischen 2005 und 2017 insgesamt von 17,6 auf 23,6 Milliarden Euro (Bund, Länder und Gemeinden zusammen). Siehe Statistisches Bundesamt: »VGR des Bundes – Ausgaben des Staates«, https://www-genesis.destatis.de/genesis/online/data;sid=E8F4D50754DD2F293B0838F1B0EE0458.GO_2_2?operation=previous&levelindex=2&levelid=1544101057012&step=2, abgerufen am 6.12.2018.

11 Eine gute Übersicht der wichtigsten Neuerungen bietet der Text »Im Namen der Sicherheit«, tagesschau.de, 11.8.2016, https://www.tagesschau.de/inland/sicherheitsgesetze108.html, abgerufen am 4.12.2018.

12 »Attentäter vom Breitscheidplatz soll Anschlagsplan weitererzählt haben«, Zeit Online, 27.11.2018, https://www.zeit.de/gesellschaft/zeitgeschehen/2018-11/anis-amri-mitwisser-lka-v-person-breitscheidplatz, abgerufen am 4.12.2018.

13 Nadja Erb, Martín Steinhagen: »Rechtsterrorismus ist Alltag«, Frankfurter Rundschau Online, 12.7.2018, http://www.fr.de/politik/rechtsextremismus/nsu-neonazi/nsu-prozess-rechtsterrorismus-ist-alltag-a-1542631, abgerufen am 4.12.2018.

Internet

1 »Gemeinsam für Deutschland. Mit Mut und Menschlichkeit. Koalitionsvertrag von CDU, CSU und SPD«, 11.11.2005, https://www.cdu.de/system/tdf/media/dokumente/05_11_11_Koalitionsvertrag_Langfassung_navigierbar_0.pdf?file=1&type=field_collection_item&id=543, abgerufen am 22.11.2018, S. 24.

2 Benedikt Müller: »Bundesregierung wird ihr Breitband-Ziel für 2018 verfehlen«, Süddeutsche Zeitung Online, 21.12.2017, https://www.sueddeutsche.de/wirtschaft/glasfaserausbau-bundesregierung-wird-ihr-breitband-ziel-fuer-verfehlen-1.3799800, abgerufen am 23.11.2018.

3 Siehe ebd.: Die Versorgung mit 50-Megabit-Netzen lag Ende 2017 bei nur 80 Prozent.

4 »Deutschlands Zukunft gestalten«, Koalitionsvertrag zwischen CDU, CSU und SPD, S. 35.

5 Markus Balser: »Das schnelle Internet kommt nur quälend langsam«, Süddeutsche Zeitung Online, 12.6.2018, https://www.sueddeutsche.de/

digital/breitbandausbau-internet-deutschland-telekom-1.4010708, abgerufen am 22.11.2018.

6 Sascha Lobo: »Warum ist das Internet in Deutschland so langsam?« Spiegel Online, 6.6.2018, http://www.spiegel.de/netzwelt/netzpolitik/ breitband-ausbau-warum-ist-das-internet-in-deutschland-so-langsam-a-1211511.html, abgerufen am 30.11.2018.

7 Europäischer Rechnungshof: »Der Breitbandausbau in den EU-Mitgliedsstaaten«, Sonderbericht Nr. 12/2018, abgerufen am 22.11.2018.

8 Unter Vectoring (in der neueren Version: Super-Vectoring) versteht man eine Technik, mit der die Anfälligkeit von Kupferkabeln für elektromagnetische Störungen und andere Einflüsse reduziert wird. Damit lässt sich die Datenübertragung beschleunigen. Siehe dazu Yannick Börner: »Super-Vectoring: Was ist das? Einfach erklärt«, Chip Online, 11.8.2018, https://praxistipps.chip.de/super-vectoring-was-ist-das-einfach-erklaert_100443, abgerufen am 22.11.2018.

9 Europäischer Rechnungshof, a.a.O., Ziffer 48.

10 Thomas Rudl: »Nun offiziell: Bundesrechnungshof zerpflückt Ex-Minister Alexander Dobrindt«, netzpolitik.org, 30.1.2018, https://netzpolitik. org/2018/nun-offiziell-bundesrechnungshof-zerpflueckt-ex-minister-alexander-dobrindt/, abgerufen am 22.11.2018.

11 »Telekom: Milliardeninvestition soll Deutschland Gigabit-Internet bringen«, Chip Online, 24.2.2018, https://www.chip.de/news/Telekom-Milliardeninvestition-soll-Deutschland-Gigabit-Internet-bringen_134546428.html, abgerufen am 23.11.2018.

12 Deutsche Telekom, Altionärsstruktur, https://www.telekom.com/de/ investor-relations/unternehmen/aktionaersstruktur, abgerufen am 23.11.18.

13 Markus Balser, a.a.O.

14 »Ein neuer Aufbruch für Europa. Eine neue Dynamik für Deutschland. Ein neuer Zusammenhalt für unser Land«, Koalitionsvertrag zwischen CDU, CSU und SPD, 12.3.2018, https://www.cdu.de/system/tdf/media/ dokumente/koalitionsvertrag_2018.pdf?file=1, abgerufen am 23.11.2018, S. 38.

15 Ebd.

16 Siehe z.B. »Netzagentur schreibt keinen flächendeckenden 5G-Ausbau fest, Merkur Online, 26.11.2018, https://www.merkur.de/wirtschaft/ netzagentur-schreibt-keinen-flaechendeckenden-5g-ausbau-fest-zr-10760022.html, abgerufen am 27.11.2018.

17 Tomas Rudl: »5G-Mobilfunk: Regulierer stellen die Weichen ins Abseits«, netzpolitik.org, 26.11.2018, abgerufen am 27.11.2018.

18 »Netzagentur schreibt keinen flächendeckenden 5G-Ausbau fest«, a.a.O.

Klima

1 Andrew Purvis: »Angela Merkel«, Time Online, 17.10.2007, http://content. time.com/time/specials/2007/ article/0,28804,1663317_1663319_1669897,00.html, abgerufen am 4.12.2018.

2 »Gemeinsam für Deutschland«, a.a.O., S. 12.

3 A.a.O., S. 54.

4 Siehe Sandra Kirchner/Verena Kern: »Verzagte Klimakanzlerin«, Klimaretter.info, 14.3.2018, http://www.klimaretter.info/politik/ hintergrund/24382-verzagte-klimakanzlerin, abgerufen am 4.12.2018.

5 Umweltbundesamt: »Europäische Energie- und Klimaziele«, 22.2.2018, https://www.umweltbundesamt.de/daten/klima/europaeische-energie-klimaziele, abgerufen am 4.12.2018.

6 Bundesministerium für Umwelt, Naturschutz und nukleare Sicherheit: »Deutsches Klimaziel 2020«, https://www.bmu.de/themen/klima-energie/klimaschutz/nationale-klimapolitik/aktionsprogramm-klimaschutz/, abgerufen am 4.12.2018.

7 Umweltbundesamt: »Klimaschutzziele Deutschlands«, 16.7.2018, https://www.umweltbundesamt.de/daten/klima/klimaschutzziele-deutschlands, abgerufen am 4.12.2018.

8 »Ein neuer Aufbruch für Europa«, a.a.O., S. 142.

9 »Referentenentwurf ,Klimaschutzbericht 2018'«, https://www.bmu.de/fileadmin/Daten_BMU/Download_PDF/Klimaschutz/klimaschutzbericht_2018.pdf, abgerufen am 4.12.2018, S. 16.

10 »Deutschland könnte Klimaziel für 2020 noch erreichen«, Zeit Online, 16.8.2013, https://www.zeit.de/wissen/umwelt/2018-08/klimaschutz-braunkohle-erneuerbare-energie-klimaziel-2020, abgerufen am 4.12.2018.

11 Thomas Drescher: »Beginnt die Kohledämmerung im Westen«, wdr.de, 21.11.2018, abgerufen am 23.11.2018.

12 A.a.O., S. 19.

13 »Deutschland lässt Abstimmung über CO2-Grenzwerte scheitern«, Spiegel Online, 27.6.2013, http://www.spiegel.de/auto/aktuell/co2-abgas-grenzwerte-deutschland-laesst-abstimmung-scheitern-a-908190.html, abgerufen am 4.12.2018.

14 Hendrick Kafsack: »EU-Staaten beschließen schärfere CO2-Grenzwerte für Autos«, faz.net, 10.10.2018, https://www.faz.net/aktuell/wirtschaft/diesel-affaere/eu-staaten-beschliessen-schaerfere-co2-grenzwerte-fuer-autos-15830131.html, abgerufen am 4.12.2018.

15 Rebecca Piron: »Diesel-Gipfel: Der Fonds für Städte kommt«, kommunal.de, 2.8.2017, https://kommunal.de/dieselgipfel-der-fonds-fuer-staedte-kommt, abgerufen am 4.12.2018.

16 Notker Blechner: »Dieselkrise – na und?«, tagesschau.de, 13.3.2018, https://www.tagesschau.de/wirtschaft/boerse/vw-gewinn-103.html, abgerufen am 4.12.2018.

17 Gerald Traufetter: »Mit industriefreundlichem Gruß«, Spiegel Online, 11.11.2016, http://www.spiegel.de/auto/aktuell/absprache-zwischen-kba-verkehrsministerium-und-autoherstellern-a-1120641.html, abgerufen am 4.12.2018.

18 Nadine Lindner: »Mehr Geld für saubere Luft – aber noch offene Fragen zu Fahrverboten«, Deutschlandfunk, 3.12.2018, https://www.deutschlandfunk.de/diesel-gipfel-im-kanzleramt-mehr-geld-fuer-saubere-luft.1783.de.html?dram:article_id=434934, abgerufen am 4.12.2018.

19 Bundesregierung: »Die Grenzwerte gelten«, 23.10.2018, https://www.bundesregierung.de/breg-de/aktuelles/die-grenzwerte-gelten-1541404, abgerufen am 4.12.2018.

20 Nadine Lindner: »Neuer Grenzwert soll Fahrverbote verhindern«, Deutschlandfunk, 15.11.2018, https://www.deutschlandfunk.de/diesel-debatte-neuer-grenzwert-soll-fahrverbote-verhindern.769.de.html?dram:article_id=433312, abgerufen am 4.12.2018.

Reichtum und Armut

1 Deutsche Bundesbank: »Sektorale und gesamtwirtschaftliche Vermögensbilanzen 1999-2017«, 18.10.2018, https://www.bundesbank.de/resource/blob/615796/d06eb98c7236fa6c1c3c3f32f5971d09/mL/sektorale-und-gesamtwirtschaftliche-vermoegensbilanzen-data.pdf, abgerufen am 5.12.2018, S.10

2 Deutsche Bundesbank: »Geldvermögen und Außenfinanzierung in Deutschland im zweiten Quartal 2018«, Pressmitteilung vom 17.10.2018, https://www.bundesbank.de/de/presse/pressenotizen/geldvermoegensbildung-und-aussenfinanzierung-in-deutschland-im-zweiten-quartal-2018-763922, abgerufen am 5.12.2018.

3 Bundesministerium für Arbeit und Soziales: »Der fünfte Armuts- und Reichtumsbericht der Bundesregierung«, Kurzfassung, April 2017, https://www.armuts-und-reichtumsbericht.de/SharedDocs/Downloads/Berichte/5-arb-kurzfassung.pdf?__blob=publicationFile&v=4, S. 13.

4 Florian Diekmann: »45 Deutsche besitzen so viel wie die ärmere Hälfte der Bevölkerung«, Spiegel Online, 21.1.2018, http://www.spiegel.de/wirtschaft/soziales/vermoegen-45-superreiche-besitzen-so-viel-wie-die-halbe-deutsche-bevoelkerung-a-1189111.html, abgerufen am 5.12.2018.

5 Ebd.

6 Florian Diekmann: »Armutsrisiko unter Einwanderern steigt«, Spiegel Online, 10.8.2018, http://www.spiegel.de/wirtschaft/soziales/armut-einwanderung-treibt-risikoquote-2017-auf-rekordstand-a-1222286.html, abgerufen am 5.12.2018. Hier auch die nachfolgenden Zahlenangaben.

7 Deutsche Bundesbank: »Vermögen und Finanzen privater Haushalte in Deutschland: Ergebnisse der Vermögensbefragung 2014«, Monatsbericht März 2016, https://www.bundesbank.de/resource/blob/604904/bb345ad5999c923eebdbd4fcce69914d/mL/2016-03-vermoegen-finanzen-private-haushalte-data.pdf, abgerufen am 5.12.2018, S. 62.

8 »Allianz Global Wealth Report 2018«, https://www.allianz.com/content/dam/onemarketing/azcom/Allianz_com/migration/media/economic_research/publications/specials/de/Allianz-Global_Wealth_Report_2018_d.pdf, abgerufen am 4.12.2018, S. 65.

9 A.a.O., S. 65f.

Rüstung und Sicherheit

1 Deutscher Bundestag: »Für eine moderne Bundeswehr als Pfeiler einer verlässlichen Sicherheits- und Verteidigungspolitik Deutschlands« Drucksache 15/2388, http://dipbt.bundestag.de/dip21/btd/15/023/1502388.pdf, abgerufen am 1.12.2018, S.4.

2 »Military expenditure by country, in local currency", SIPRI 2018, https://www.sipri.org/sites/default/files/2_Data%20for%20all%20countries%20from%201988%E2%80%932017%20in%20local%20currency.pdf, abgerufen am 1.12.2018.

3 »Military expenditure by country as percentage of gross domestic product«, SIPRI 2018, https://www.sipri.org/sites/default/files/3_Data%20for%20all%20countries%20from%201988%E2%80%932017%20as%20a%20share%20of%20GDP.pdf, abgerufen am 1.12.2018.

4 Karl-Heinz Kamp: »Die NATO nach dem Prager Gipfel«, Sankt Augustin, 2003, https://www.kas.de/c/document_library/get_file?uuid=4d01e960-a3e8-c1a5-2b5b-0ae9cf3ee7a0&groupId=252038, abgerufen am 1.12.2018, S. 4.

5 Deutscher Bundestag, a.a.O., S.1.

6 Siehe dazu den Beitrag des Rechtsphilosophen Reinhard Merkel: »Kühle Ironie der Geschichte«, faz.net, 8.4.2014, http://www.faz.net/aktuell/ feuilleton/debatten/die-krim-und-das-voelkerrecht-kuehle-ironie-der-geschichte-12884464.html?printPagedArticle=true#pageIndex_0, abgerufen am 2.12.2018.

7 Bundesministerium der Verteidigung: »NATO-Gipfel 2014: Erhöhte Einsatzbereitschaft«, https://www.bmvg.de/de/themen/dossiers/die-nato-staerke-und-dialog/nato-gipfel-2014-erhoehte-einsatzbereitschaft, abgerufen am 2.12.2018.

8 Ute Welty: »Im Nachhinein ist man immer klüger«, Interview mit Karl-Heinz Kamp, tagesscshau.de, 4.9.2014, https://www.tagesschau.de/ inland/nato-gipfel-wales-104.html, abgerufen am 2.12.2018.

9 Die oben erwähnten Zahlen von SIPRI weichen wegen unterschiedlicher Bereechnungsmethoden vom offiziellen Verteidigungshaushalt ab.

10 Siehe Ulf von Krause: »Zwei-Prozent-Ziel und Bundeswehr – Zur Diskussion um den Verteidigungshaushalt«, Bundesakademie für Sicherheitspolitik, Arbeitspapier Sicherheitspolitik Nr. 23/2018, https:// www.baks.bund.de/sites/baks010/files/arbeitspapier_ sicherheitspolitik_2018_23.pdf, abgerufen am 2.12.2018, S. 3.

11 Bundesministerium der Verteidigung: »Entwicklung und Struktur des Verteidigungshaushalts«, https://www.bmvg.de/de/themen/ verteidigungshaushalt/entwicklung-und-struktur-des-verteidigungshaushalts, abgerufen am 2.12.2018.

12 Siehe z.B. Damian von Osten: »Der Streit ums Asowsche Meer«, tagesschau.de, 26.11.2018, https://www.tagesschau.de/ausland/faq-ukraine-russland-101.html, abgerufen am 2.12.2018.

13 »Merkel und Putin erörtern Krise zwischen Moskau und Kiew«, Süddeutsche Zeitung Online, 27.11.2018, https://www.sueddeutsche.de/ news/politik/konflikte-merkel-und-putin-eroertern-krise-zwischen-moskau-und-kiew-dpa.urn-newsml-dpa-com-20090101-181127-99-974219, abgerufen am 2.12.2018.

14 Andreas Zumach: »Die Schuld des Westens«, taz.de, 27.11.2018, http:// www.taz.de/Kommentar-Ukraine-Russland-Krise/!5554113/, abgerufen am 2.12.2018.

15 Ebd.

16 Siehe S. 40.

Schulden

1 Sondervermögen sind Fonds für bestimmte Aufgaben, die außerhalb der eigentlichen Staatshaushalte eingerichtet wurden. Dazu gehören zum Beispiel der »Finanzmarktstabilisierungsfonds«, der in der Finanzkrise zur Stützung von Banken eingerichtet wurde, oder der »Investitions- und Tilgungsfonds«, mit dem ebenfalls infolge der Finanzkrise Investitionen der Kommunen gefördert wurden. Als Sondervermögen gelten zum Beispiel auch Rücklagen für die Zahlung von Beamtenpensionen. Siehe Wikipedia: »Extrahaushalt«, https://de.wikipedia.org/wiki/ Extrahaushalt, abgerufen am 20.11.2018.

2 Bundeszentrale für politische Bildung: »Entwicklung der öffentlichen Finanzen«, 26.6.2018, http://www.bpb.de/nachschlagen/zahlen-und-fakten/soziale-situation-in-deutschland/61867/oeffentliche-finanzen, abgerufen am 20.11.2018.

3 Deutscher Bundestag: Protokoll der Plenarsitzung vom 16.5.2018, S. 2974.
4 Marie Rövekamp: »Deutschland ist nicht nur der nette Geber«,
Tagesspiegel Online, 22.10.2018, https://www.tagesspiegel.de/
wirtschaft/eu-arbeitslosenfonds-deutschland-ist-nicht-nur-der-nette-
geber/23213146.html, abgerufen am 20.11.2018.
5 Martin Greive, Jan Hildebrand: »Draghis Geschenk«, Handelsblatt,
13.1.2017.
6 Marcel Fratzscher: »Deutschland braucht Investitionen statt
Wahlgeschenke«, Spiegel Online, 3.5.2018, http://www.spiegel.de/
wirtschaft/soziales/olaf-scholz-und-die-haushaltsdebatte-deutschland-
braucht-investitionen-a-1205946.html, abgerufen am 20.11.2018.
7 Creditreform Wirtschaftsforschung: »Schuldneratlas Deutschland«, Neuss
2018, S. 68, zum Download unter https://www.creditreform.de/nc/
aktuelles/news-list/details/news-detail/schuldneratlas-deutschland-2018.
html, abgerufen am 19.11.2018.
8 Ebd.
9 A.a.O., S. 44. Siehe auch das Kapitel zur Wohnungspolitik, S. 100 f.
10 A.a.O., S. 6.

Wirtschaft und Handel

1 »Die Spareinlagen sind sicher«, Spiegel Online, 5.10.2008, http://www.
spiegel.de/wirtschaft/merkel-und-steinbrueck-im-wortlaut-die-
spareinlagen-sind-sicher-a-582305.html, abgerufen am 3.12.2018.
2 Siehe z.B. Bundeszentrale für politische Bildung: »Konjunkturpaket«,
http://www.bpb.de/nachschlagen/lexika/lexikon-der-wirtschaft/19773/
konjunkturpaket, abgerufen am 3.12.2018.
3 Siehe Mariam Lau: »Merkels Krisenstrategie überzeug Europa«, Welt
Online, 22.2.2009, https://www.welt.de/politik/article3253020/
Merkels-Krisenstrategie-ueberzeugt-Europa.html, abgerufen am
3.12.2018.
4 Europäisches Parlament: »Bankenunion«, in: »Kurzdarstelluungen zur
Europäischen Union«, http://www.europarl.europa.eu/factsheets/de/
sheet/88/bankenunion, abgerufen am 3.12.2018.
5 Dorothea Siems: »Die deutsche Angst vor den Schulden der anderen«,
Welt Online, 8.10.2018, https://www.welt.de/wirtschaft/
article181795818/Einlagensicherung-Die-deutsche-Angst-vor-den-
Schulden-der-anderen.html, abgerufen am 3.12.2018.
6 Siehe S. 36 ff.
7 »Appell von zivilgesellschaftlichen Organisationen an die Abgeordneten in
der Europäischen Union und Afrika«, 6.11.2014, https://www.attac.de/
fileadmin/user_upload/Kampagnen/ttip/EPA_EU-Westafrika_Appell.pdf,
abgerufen am 3.12.2018. Eine kritische Auseinandersetzung mit den
Abkommen findet sich auf Attac.de unter https://www.attac.de/
kampagnen/handelsabkommen/hintergrund/epas/.
8 Siehe z.B. »Mythen des Freihandels – Attac entkräftet Argumente der
TTIP-Befürworter«, https://www.attac.de/kampagnen/
handelsabkommen/hintergrund/ttip-mythen/, abgerufen am 3.12.2018.
9 Bundeszentrale für politische Bildung: »Deutschland: Entwicklung des
Außenhandels«, 4.4.2018, http://www.bpb.de/nachschlagen/zahlen-
und-fakten/globalisierung/52842/aussenhandel, abgerufen am
3.12.2018.
10 »Deutscher Exportüberschuss bleibt hoch«, Deutsche Welle, 7.8.2018,

https://www.dw.com/de/deutschlands-export%C3%BCberschuss-bleibt-hoch/a-44978720, abgerufen am 3.12.2018.

11 Ebd.

12 Siehe Attac: »Mythen des Freihandels«, a.a.O.

13 Ebd.

Wohnen

1 Statistisches Bundesamt: »Verbraucherpreisindizes für Deutschland, Jahresbericht«, 16.1.2018, https://www.destatis.de/DE/Publikationen/Thematisch/Preise/Verbraucherpreise/VerbraucherpreisindexJahresbericht.html;jsessionid=3AA2FE93006D78ADA24F6B5E52B6C845.InternetLive1, abgerufen am 21.11.2018. Die prozentualen Steigerungen ergeben sich aus dem Vergleich der Indizes: Mietbelastung (Spalte 3) von 94,4 auf 109,4 Punkte, Verbraucherpreise ohne Mieten (Spalte 2) von 91,9 auf 109,2 Punkte.

2 Siehe Marco Fieber: »Das Miet-Paradox«, Huffington Post, 18.5.2018, https://www.huffingtonpost.de/entry/mietbelastung-deutschland-munchen-frankfurt-berlin-hamburg_de_5afd47d7e4b0a59b4e00cc79, abgerufen am 21.11.2018.

3 Creditreform Wirtschaftsforschung, a.a.O., S. 45.

4 Stephan Junker: »Wohnen Sie noch? Oder suchen Sie schon?« Sozialverband Deutschland, Berlin 2018, https://www.sovd.de/guteswohnen/, abgerufen am 20.11.2018, S. 11.

5 Ebd. (Grafik).

6 Deutscher Bundestag: Antwort der Bundesregierung auf eine Kleine Anfrage der Grünen, Drucksache 19/4367 vom 17.9.2018, http://dipbt.bundestag.de/dip21/btd/19/043/1904367.pdf, abgerufen am 21.11.2018.

7 Jonas Abraham, Timo Gniechwitz u.a.: »Das Baujahr 2018 im Fakten-Check, Februar 2018, https://www.bdb-bfh.de/meldungsdetails/neue-studie-das-baujahr-2018-im-fakten-check-98.html?file=files/redaktion/bilder/Studien/Das%20Baujahr%202018%20im%20Fakten-Check.pdf, abgerufen am 21.11.2018, S. 1.

8 Siehe »Immer weniger Sozialwohnungen«, manager-magazin Online, 4.8.2018, http://www.manager-magazin.de/politik/deutschland/trotz-milliardenfoerderung-immer-weniger-sozialwohnungen-a-1221652.html, abgerufen am 21.11.2018.

9 Siehe z.B. Nadine Oberhuber: »Billige Grundstücke, stupid!« Zeit Online, 3.8.2015, https://www.zeit.de/wirtschaft/2015-07/sozialer-wohnungsbau-grossstadt-mieten-kommunale-wohnungen/komplettansicht, abgerufen am 29.11.2018.

10 Gemeinnützige Wohnungsunternehmen waren am Prinzip der Kostendeckung und nicht am Profit orientiert. Sie mussten Überschüsse weitgehend wieder in die Wohnungsversorgung investieren. Siehe Die Linke im Bundestag: »Gemeinnützigkeit statt Profitlogik«, 2. Auflage Juni 2017, abgerufen am 21.11.2018.

11 Björn Egner: »Wohnungspolitik seit 1945«, Bundeszentrale für politische Bildung«, 5.5.2014, http://www.bpb.de/apuz/183442/wohnungspolitik-seit-1945?p=all#footnode12-12, abgerufen am 21.11.2018.

12 Siehe Bundesinnenministerium: »Soziale Wohnraumförderung«, https://www.bmi.bund.de/DE/themen/bauen-wohnen/stadt-wohnen/wohnraumfoerderung/soziale-wohnraumfoerderung/soziale-wohnraumfoerderung-node.html, abgerufen am 21.11.2018.

13 Siehe Deutscher Mieterbund: »Bezahlbaren Wohnraum schaffen«, Presseerklärung vom 13.11.2018, https://www.mieterbund.de/presse/pressemeldung-detailansicht/article/46904-bezahlbaren-wohnraum-schaffen.html, abgerufen am 21.11.2018.

14 Bundesinnenministerium: Pressemitteilung vom 21.9.2018, https://www.bmi.bund.de/SharedDocs/pressemitteilungen/DE/2018/09/wohngipfel.html, abgerufen am 21.11.2018.

15 »Gemeinsame Wohnraumoffensive von Bund, Ländern und Kommunen«, https://www.bmi.bund.de/SharedDocs/downloads/DE/veroeffentlichungen/2018/ergebnisse-wohngipfel.pdf?__blob=publicationFile&v=5, abgerufen am 21.11.2018.

16 Nadine Lindner: »Zu wenig und am Bedarf vorbei«, Deutschlandfunk, 1.3.2018, https://www.deutschlandfunk.de/wohnungsbau-zu-wenig-und-am-bedarf-vorbei.769.de.html?dram:article_id=412016, abgerufen am 21.11.2018.

17 Fraktion Die Linke: Konzept für ein Öffentliches Wohnungsbauprogramm, Oktober 2018, https://www.linksfraktion.de/fileadmin/user_upload/Positionspapiere/2018/181119_Konzept-O__ffentliches-Wohnungsbauprogramm.pdf, abgerufen am 21.11.2018.

Fazit

1 Stephan Junker, a.a.O., S. 34.

2 Ausführliche Analysen dazu finden sich in meinen Büchern »Mutter Blamage« (Westend Verlag, 2013) sowie »Mutter Blamage und die Brandstifter« (Westend Verlag, 2017).

3 Martin Walser: »Die stille Wucht der Frau Merkel«, Der Spiegel, 10.11.2018, S. 126ff.